淡海《おうみ》文庫 63

明智光秀と近江・丹波

分国支配から「本能寺の変」へ

福島 克彦 著

サンライズ出版

はじめに

明智光秀《あけちみつひで》と言えば、天正《てんしょう》十年（一五八二）六月、本能寺の変を起こし、織田信長《おだのぶなが》を倒した武将として知られている（高柳一九五八）。しかし、同じ織田系部将の羽柴秀吉《はしばひでよし》に山崎合戦にて敗れ、信長の統一事業はそのまま光秀を通り越して秀吉へと継承されてしまった。彼の動向は、本能寺の変から山崎合戦に至るまで、すべて裏目に出たような評価をされており、悲運の武将、あるいは失意の中で無計画にことを進めた人物として評価されている。

彼が、なぜ織田信長を裏切ったか……このテーマは、昔も今も多くの歴史ファンの興味の的である。近年は、前述した彼の失意や無計画を背景に、彼を動かした黒幕がいたのではないかという意見も多く見られるようになった。しかし、一般の方々と会話していると、信長との関係のみに関心が集中してしまい、そもそも光秀がどのような活動をしていたか、あるいは彼の歴史的位置は充分評価されているとは言い難い。私は、自明のことながら、光秀がどういう人物であったか、という点に改めて着目すべきと思う。それを語らずにして、本能寺の変の原因も語る入口にも入れないであろう。万が一、黒幕がいたとしても、実際に本能寺の変をやってのけたのは、光秀当人であったからである。

では、実際の光秀とは、どのような武将であったのか。こうした武将の個人的資質やその性格は、従来歴史学の考察対象にはなりにくい分野であった。あくまでも、歴史学では、織田権力の一員というフィルターのもとで検討されてきたし、当時の権力や時代的背景に制約されていたことは個人を評価する上で不可欠な視点である。しかし、近年、こうした織田系部将たちの統治のあり方自体が見直され、部将たちのキャラクターそのものも考察対象になりつつある。すなわち、織田権力は、強い一定の方針や方向性があるというよりも、各部将によって地域に応じた独自のやり方に任されていた側面があると認識されるようになりつつある。

従来、織田権力と地域の国衆との関係を考察することは、権力の浸透度を検討する上で重要な視点である。同権力の地域支配の視点としては、「一職」支配の議論があり、織田系部将たちは、信長の上級支配権という傘のもと、旧来の守護権を継承して、一国ないし広域な支配権を掌握《しょうあく》し、在地国衆に対して軍事統率権、知行宛行権《ちぎょうあてがい》を持っていたと捉《とら》えられてきた（脇田一九七七）。これらは柴田勝家《しばたかついえ》の越前《えちぜん》支配や、西岡（長岡）における細川藤孝《ほそかわふじたか》（幽斎《ゆうさい》）と革嶋《かわしま》氏の関係などの事例から検討され、織田権力による地域支配の進捗度《しんちょくど》が考察されてきた。

ところが、近年織田権力が他の戦国大名との比較が進められるにおよび、信長に社会を統治する制度的整備について、関心が乏しかったことが指摘されている。すなわち、軍役賦課《ふか》基準の設定や検地の実践など、具体的な政策実践は、信長が決定せず、部将である羽柴秀吉や明智光秀のもとで実践されてきたことが改めて着目されている（池上二〇一二）。

部将個々は、信長の権威を背景としつつも、自らの能力、経験、個性、あるいは人間的魅力を駆使して、国衆たちを味方につけるなどの調略《ちょうりゃく》を進めていった。しかし、彼らは、信長から過重な命令が出たとしても、それをしっかりこなさなければならない。そして、さまざまな困難を乗り越えるなかで、その実務能力を高めていったものと思われる。逆に、こなせなかった部将に対しては、改易などの厳しい措置が取られていた。

では、光秀とは、そもそもどのような人物だったのか。本能寺の変を起した後であるが、フロイス『日本史』に同時代に生きた人物の光秀評がある。それによれば、光秀は「もとより高貴の出ではな」いが「その才略、深慮、狡猾《こうかつ》さにより、信長の寵愛《ちょうあい》を受け」ていたという。そして「裏切りや密会を好み」「戦争においては謀略を得意とし、忍耐力に富み、計略と策謀の達人であった」。さらに「築城のことに造詣《ぞうけい》が深く、優れた建築手腕の持主で、選り抜かれた戦いの熟練の士を使いこなしていた」とあり、築城、軍略に長けていた。こうした武将としての資質に恵まれていたと同時に、他者を気遣う配慮があり、「信長に贈与することを怠らず」もてなしを行えた。そして「装う必要がある場合などは、涙を流したという。宣教師フロイスは、キリスト教に理解を示した信長を高く評価していた。その信長を倒した人物なので、フロイスの光秀評は「狡猾」「裏切り」「謀略」とやや手厳しい。しかし、そうしたフロイスの恣意《しい》的な評価を外せば、武将としての才能を積極的に認めている。さらに、もてなしができ、装いの涙が流せる人たらしでもあったことも指摘している。一般に豊臣秀吉が人たらしだったと言われているが、光秀も負けず劣らず、他者を引き立てつつ、動かせる独特の才能を持っていた。

こうした織田系部将たちの個人的資質は、前述した信長の方向性と表裏の関係であったと言えよう。本書では、こうした織田系部将の一人、明智光秀を取り上げ、彼の近江《おうみ》国志《し》賀《が》郡、および丹波《たんば》国における国衆との関係について順を追って通覧していきたい。

なお以下取り上げる文献史料は読み下しとする。

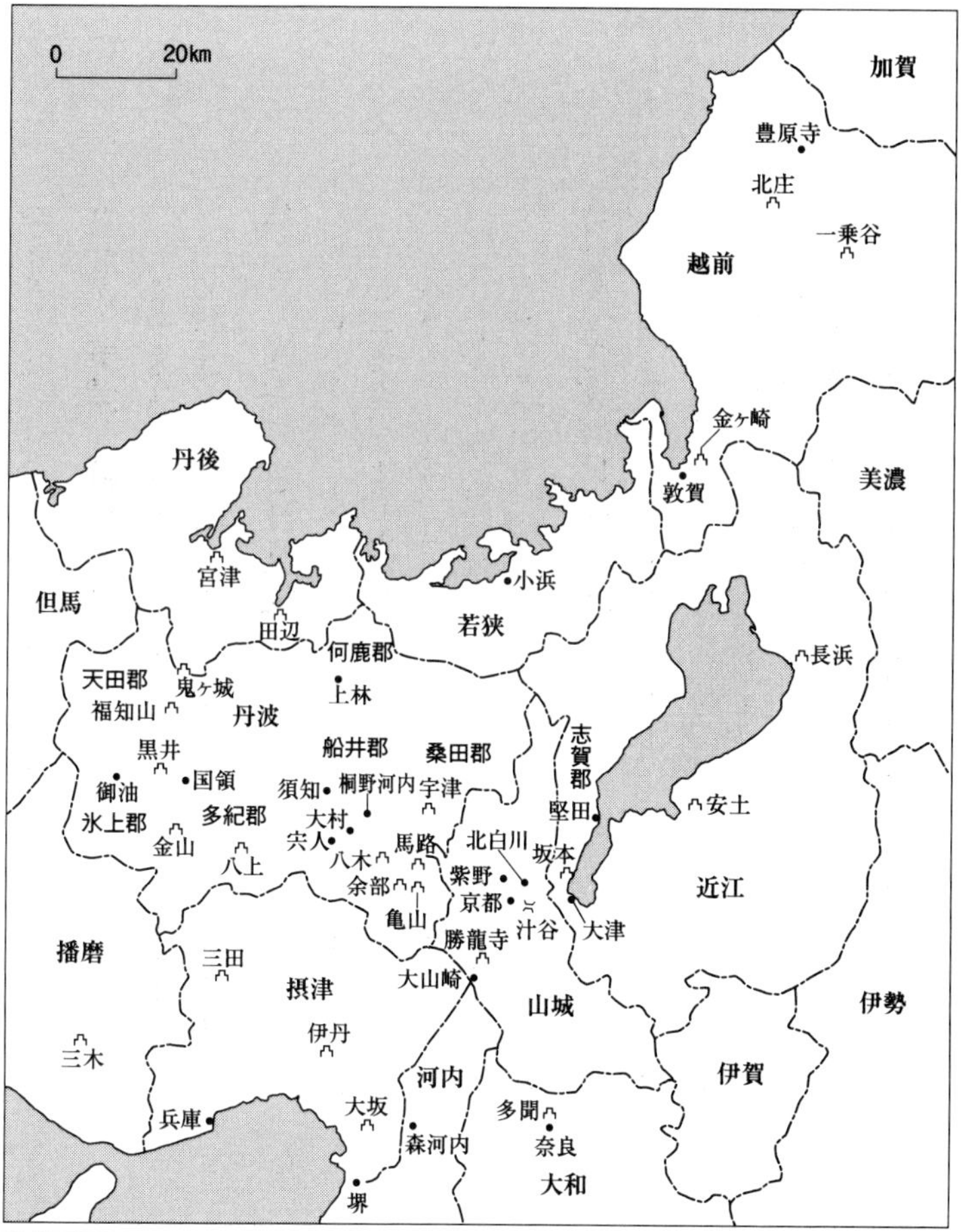
0
20km
加賀
豊原寺
北庄
一乗谷
越前
金ヶ崎
美濃
丹後
敦賀
宮津
小浜
但馬
田辺
若狭
何鹿郡
長浜
天田郡
鬼ヶ城
上林
福知山
丹波
志賀郡
黒井
船井郡
桑田郡
御油
国領
須知
桐野河内
宇津
氷上郡
多紀郡
大村
堅田
安土
金山
宍人
馬路
北白川
坂本
八上
八木
紫野
近江
余部
京都
亀山
汁谷
大津
播磨
三田
勝龍寺
大山崎
摂津
山城
伊勢
伊丹
三木
河内
伊賀
兵庫
大坂
多聞
森河内
奈良
大和
堺
近畿周辺図

目次

第一章　美濃・越前・京

光秀の出自と飛躍

現在、光秀の文書は、写《うつし》も含めて一七〇点ほど確認できる。ただし、確実なものが現れてくるのは永禄《えいろく》十一年（一五六八）九月、すなわち信長が足利義昭《あしかがよしあき》を奉じて上洛《じょうらく》した後である。以後、彼が才覚を発揮して、義昭と信長に登用され、歴史の表舞台に登場してくるのである。言い換えれば、若き光秀の確実な史料は皆無に等しい。彼の前半生をたどろうとすれば、後世の脚色された記録類を参考にせざるを得ない。光秀に関する軍記物、『明智軍記』によれば、光秀は美濃《みの》出身で諸国を遍歴した後、越前の朝倉義景《あさくらよしかげ》の家臣になったと記している。そこで当時朝倉氏に身を寄せていた足利義昭や細川藤孝と親しくなり、彼らと信長を仲介する役割を果たしたという。ちなみに『明智軍記』等によれば、光秀は「五十五年ノ夢」と記した辞世の句が伝えられ、殺害されたのが五十五歳であったという。これに対して『当代記』によれば、殺害された年が六十七歳だったと記しており、そうであれば、永正十二年（一五一五）に生まれたことになる。『当代記』も編纂《へんさん》史料であるが、事項のみの客観性としては、脚色された『明智軍記』よりも史料的価値は高いと考えられ

明智光秀画像
（大阪府岸和田市・本徳寺蔵、画像提供・岸和田市役所観光課）

ている。もし、六十七歳ならば、四十九歳で亡くなった信長と十八年の差が開くことになる。

次に光秀が美濃国に武家の親類がいたことは、記録から確認できる。元亀《げんき》三年(一五七二)十二月十一日、光秀は京都吉田神社の神官吉田兼和《よしだかねかず》(兼見《かねみ》)に対して、光秀の「濃州親類」が山王社《さんのうしゃ》敷地に「新城」を築いた際、不快なことが起こるため、地鎮の祈念を依頼した(『兼見卿記』)。ここで、光秀に美濃の親類がいたことがわかり、彼が美濃の武家の一族出身だったことは間違いない。実際『立入隆佐記《たてりりゅうさき》』には、光秀を「美濃国住人とき(土岐)の随分衆」と解説している。後述する『京畿御修行記《けいきごしゅぎょうき》』にも土岐一族だったと記しており、やはり美濃守護だった土岐氏の一族であった可能性が高い。明智という名字から、やはり美濃国明智出身と思われる。現在、岐阜県には明智という土地が二カ所あり(岐阜県可児《かに》市明智と恵那《えな》市明智町)、いずれかが名字の地であろう。後に土岐明智氏は妻木郷(岐阜県土岐市)などに所領を得ていた(三宅一九八八)。

次に越前に住み始める経緯についてみてみたい。寛永七年(一六三〇)に筆写された時宗の同念上人の記録『京畿御修行記』(前出)によれば「惟任《これとう》方もと明智十兵衛尉といひて、濃州土岐一家牢人《ろうにん》たりしが越前朝倉義景を頼み申され、長崎称念寺門前に十ヶ年居住」と

細川幽斎画像（京都府京都市・天授庵所蔵）

記している。これは天正八年（一五八〇）、時宗の僧同念が奈良遊行《ゆぎょう》を希望した際、光秀を通じて筒井順慶《つついじゅんけい》へ取り成しを願った梵阿《ぼんあ》という僧が、光秀と旧知の経緯を説明した箇所である。つまり惟任（後の光秀の姓）は、かつて「明智十兵衛尉」と呼ぶ土岐一族の牢人で、朝倉義景のもとで越前長崎（福井県丸岡町）の称念寺門前に十年間住んでいたという。『明智軍記』は、光秀の放浪について、見聞を深め後世の能力を高めたようにプラスで受け止めているが、実際の光秀は出身地から離れて「牢人」をしていたことになる。光秀は長期間越前に住んでいたことを伝えた史料といえる。

当時の義昭周辺を知る史料として『光源院殿御代当参衆并足軽以下衆覚』（『永禄六年諸役人引付』）がある。この史料の後半は、永禄十年（一五六七）二月～十一年五月の間の内容と言われ、義昭が上洛を目指していた越前滞在時の内容といわれている。この後半部分における「足軽衆」に「明智」という記述があり、光秀の可能性が指摘されている（黒嶋二〇〇四）。また、山崎の合戦直後の記事であるが『多聞院《たもんいん》日記』天正十年（一五八二）六月十七日条には「細川ノ兵部太夫カ中間ニテアリシヲ引立之」とあり、もともとは藤孝の「中間」だったと伝える。こうした記述も、早い段階から藤孝と行動をともにしていた根拠となるだろう。

　ところで、最近、永禄九年（一五六六）十月二十日に坂本で筆写された医学書『針薬方《はりくすりかた》』（『米田《こめだ》文書』）という史料に「明智十兵衛尉」という記述が確認された（村井二〇一四）。義昭に仕えた米田貞能が沼田勘解由左衛門尉《ぬまたかげゆざえもんのじょう》から伝えられたものを坂本で書き写したものという。内容としては「セキソ散　越州朝倉家之薬」の原料、調合等が記され、これらの情報が「明智十兵衛尉、高嶋田中城籠城《ろうじょう》の時口伝也」と記されている。したがって、少なくとも永禄九年以前に、光秀は高島郡田中城（滋賀県高島市）に籠城するなど、一廉《ひとかど》の武将として活躍していたものと考えられる。これは、写本であるが、光秀が登場する最初の史料である。問題は、彼がどのような立場で「籠城」していたのか、という点である。すなわち彼が朝倉氏、六角氏の部将、あるいは義昭と気脈を通じて、活動していたかどうかという問題が残っている。

　もう一つ注目されることは、高島郡田中城との関わりである。義昭、信長に従っていた元亀三年にも光秀は田中城に籠城している（『信長公記』）。つまり、湖西にある田中城に二度も詰めたことがある点である。元亀二年（一五七一）に光秀は、近江志賀郡の統治を任されるが、こうした彼と湖西との関わりは古い段階からあったことになる。

最近、光秀の近江国における出生説が取り上げられている。十七世紀後半に成立した近江国の地誌『淡海温故録《おうみおんころく》』には、犬上郡佐目（滋賀県多賀町）における光秀出生伝承を掲載する。これによれば、当地には美濃出身だった「明智十左衛門」なる人物が佐目に移り住んだ後、二、三代を経て十兵衛光秀が生誕したという。「器量」すぐれた彼は、後に越前朝倉氏のもとで仕官したという。前述した『針薬方』（『米田文書』）を想起すれば、近江国の記述は看過できない。すぐに断定することはできないが、彼が早い段階から東海と畿内のあいだを行き来していた可能性はある。光秀出生を記した地誌の中でも『淡海温故録』は古い記述に属するため、今後俎上にあげていく必要があるだろう（井上二〇一九）。

いずれにせよ、上洛前の光秀に関する記述は、あまりに断片的である。現状では、やはり美濃出身の人物であり、土岐氏の一族であること、牢人になった後、越前に入り、義昭、藤孝と出会い、そこで幕臣の「足軽衆」となった可能性がある。当初は、やはり義昭、あるいは藤孝らに近い存在だったと言えよう。後に、藤孝らを通じて、義昭は尾張の織田信長と気脈を通じていく。永禄十年八月、美濃稲葉山城《いなばやま》（岐阜市）の斎藤《さいとう》氏を追った信長は、この地を岐阜と称して拠点とした。そして、翌十一年七月頃、越前にいた義昭らを招聘《しょうへい》している。この頃、光秀は信長と接触を持ったものと思われる。

義昭と信長のあいだ

永禄十一年九月、織田信長は足利義昭を奉じて上洛した。以後、光秀の発給文書が現れ、彼の活動が次第に明らかになってくる。当時光秀は信長の家臣団（奉行衆）、あるいは室町幕府奉行人らとともに、京都周辺の政務を担当していた。

光秀は、一方で京都の治安も担当していた。信長がいったん岐阜に戻ると、翌十二年（一五六九）正月、隙《すき》をねらって三好《みよし》三人衆が将軍義昭のいる京都本圀寺《ほんこくじ》を襲うという事件が起こった。この時、尾張《おわり》衆・美濃衆ら、織田方の軍勢に混じって「明智十兵衛」が活躍し、初めて軍功をたてている（『信長公記』）。この襲撃を聞いた信長は、同年二月から、京都における将軍の御座所を「公方御構《くぼうおかまえ》」として新たに構築した。その普請の間、義昭の仮の宿営地を近衛《このえ》氏邸宅地に定めたが、同月二十九日、光秀、村井貞勝《むらいさだかつ》、朝山日乗《あさやまにちじょう》の三名は、将軍義昭の命を受けて近衛邸周辺の寄宿を停止している（『陽明文庫文書』）。この時、宛名は「近衛殿御門外」「同五（御）霊図師　町人中」となっており、町人との交渉もみられたと思われる。後述するが、この当時光秀は木下《きのした》秀吉、丹羽長秀《にわながひで》、中川重政《なかがわしげまさ》らとともに、

織田信長画像（愛知県豊田市・長興寺蔵、画像提供・豊田市郷土資料館）

京都周辺の政務に当たった。これによっても、光秀は義昭に仕えつつも、信長の家臣団として政務を担当していたことがわかる。

ところで、京都にいる義昭への襲撃は、防御施設の必要性を知らしめることになった。そこで、かつて義昭の兄義輝《よしてる》が構えていた武衛陣（京都市上京区）の御所跡を改修することになった。この「公方御構」には、文献上「西ノ門屋蔵」「南巽之だしの磊」「坤角三重櫓《やぐら》」（『言継卿記《ときつぐ》』）、さらに「天主」（『元亀二年記』『兼見卿記』）も登場する本格的な城であった。洛中《らくちゅう》に初めて公権力による本格的な防御施設の御所が現れたことになる。

さて、足利義昭と織田信長の関係であるが、永禄十二年正月十四日付で両者による「殿中御掟《おんおきて》」が制定された（『仁和寺《にんなじ》文書』）。これは、同月十六日付の追加も含めて、義昭と信長による幕府内部の規定事項で、奉公衆や奉行衆の職務規程が条文で記されている。追加では、幕府外部への通達事項への取り決めや、押領・喧嘩《けんか》・請取沙汰《うけとりざた》の停止が定められている。この文書の原本は残っていないが、袖判《そではん》（文書の右端に署した花押）に義昭印、奥判に信長印が据えられたという。これらは今まで幕府法を受け継いだもので、両者による役割分担の意味合いが強い。

さらに同十三年（一五七〇）一月二十三日、義昭と信長は再び条書を交わした（『成簣堂《せいきどう》文庫所蔵文書』）。これによれば、①義昭が諸国の大名に御内書を出す際は、必ず信長と相談すること、②義昭の今まで出した命令は破棄し、改めて思案をめぐらした上で定める、③忠節を尽くした者に恩賞を与える場合、信長の領地から与える、④天下のことはすべて信長に預けられており、将軍に聞くまでもなく信長が処分する、⑤朝廷の儀礼に奉仕すること、などが記されていた。永禄十二年のものが、両者の役割分担的な側面が強いのに対して、今回の内容は、やはり義昭の将軍権力に対して、信長が干渉している側面が大きいと思われる。すなわち、信長が露骨に将軍の自主性を制約しようとするものであった。

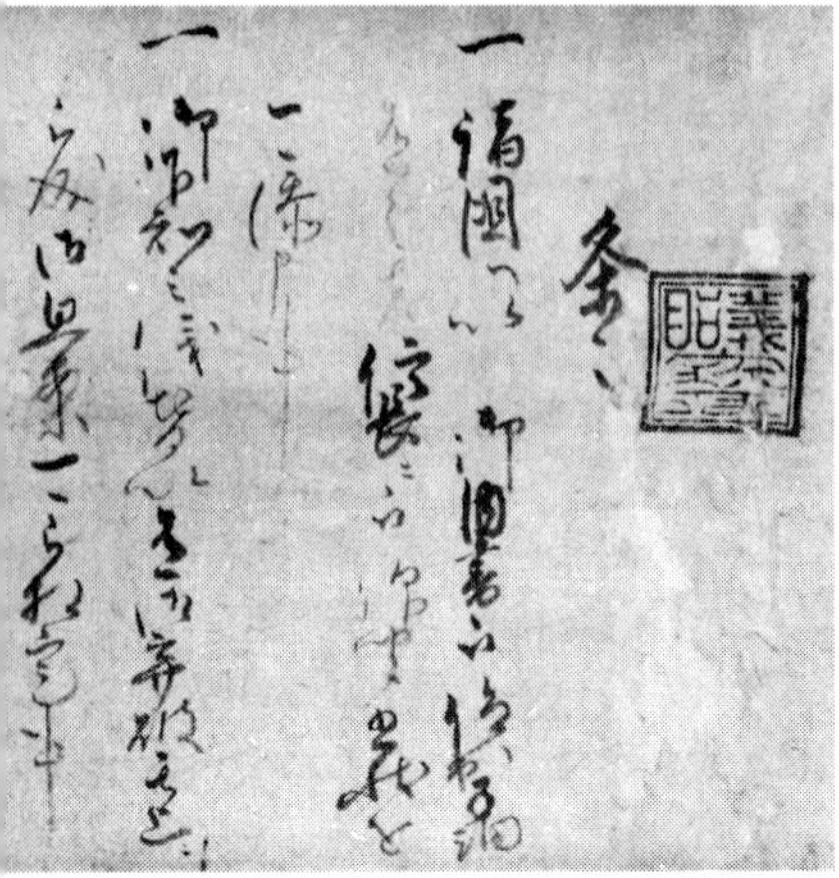

条書の月日の下に信長の「天下布武」の朱印があり、袖には義昭の黒印が据えてある。信長の要求を義昭が承諾したような形となっている。重要なことは、文書宛名が光秀と朝山日乗になっている点である。この両者は、義昭と信長の間において中立的位置にあり、契約における保証人的な存在で

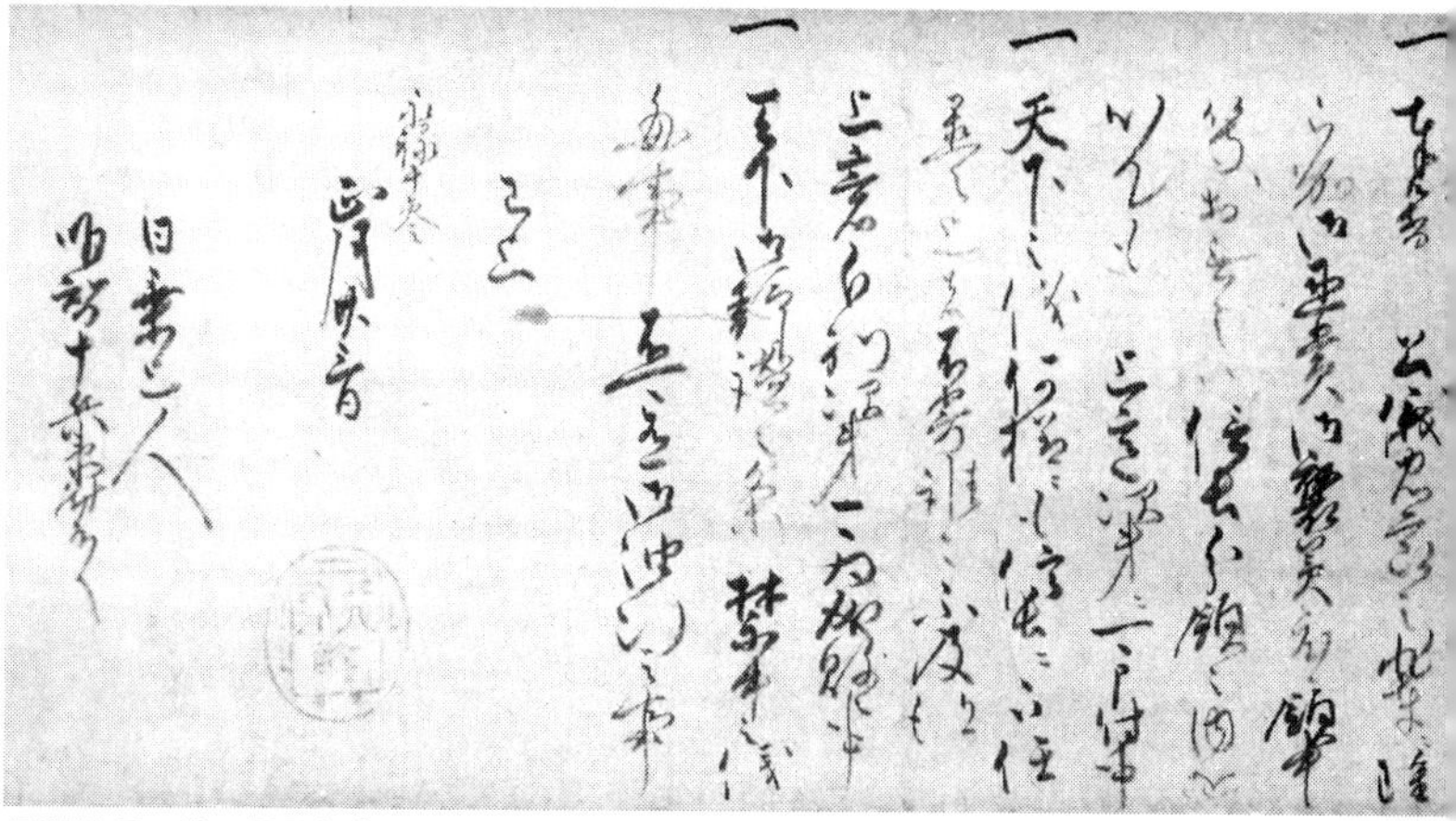

足利義昭・織田信長条書
（石川武美記念図書館　成簣堂文庫蔵）

あった。

もっとも、この文書が記された一月二十三日、光秀も日乗も信長のいる美濃に滞在していた（谷口研二〇一四）。そのため、この将軍制約の文書も、信長との協議のもとで文面を調《ととの》えた可能性がある。信長、義昭の政務にかかる役割分担を決定した側面もあるが、文面では義昭の権限に信長が干渉している要素も強い。この条書によって、義昭政権の独立性が失われた訳ではないが（山田二〇一一）、両者の緊張関係の中で、光秀が間に入っていることを再認識する必要があるだろう。

光秀は上洛前後の永禄十一年頃に信長との関係が本格化したと考えられるが、同十三年には信長・義昭間を調整する役回りに抜擢《ばってき》されていた。早い段階から、両者から注目されていたことになる。

織田権力は室町幕府奉行人とともに、四人一組で奉行的な役職をこなすことになる。光秀は、羽柴秀吉、丹羽長秀、中川重政らと組を形成して、京都周辺における権門の領する荘園保護にも当たっていた。特に禁裏御料所の丹波山国荘（京都市右京区京北町《けいほく》）では、丹波宇津氏の違乱を糺明《きゅうめい》している。

また、京都市中の行政も継続して担当していた。元亀二年九月晦日、信長の家臣島田秀満《しまだひでみつ》、塙直政《ばんなおまさ》、幕府奉行人松田秀雄《まつだひでお》、そして光秀という四人の奉行人によって「公武御用達」ため、段《たん》（反）別一升の段米《たんまい》を京都市中の寺社、山城国の各荘園へ課し、二条妙顕寺《みょうけんじ》へ運上させている。この文書は大量発給されたことが確認されている（『言継卿記』『妙蓮寺文書』）。その一方で、同じ四名のメンバーで禁裏賄料《まかないりょう》として洛中に対して貸し付けている（『上京文書』）。特に、この時は松田秀雄のように、元来室町幕府の奉行人である人物も加わっていた。室町幕府の法曹官僚とともにメンバーを組む訳であり、光秀にとっても大いに参考になったであろう。

このように、光秀は義昭の「足軽衆」という身分から京都へ入り、織田＝義昭政権に

足利義昭画像（東京大学史料編纂所所蔵模写）

おける奉行衆を担当していた。京都市政から、義昭—信長間の調整など政権中枢まで担当し、さまざまな実務能力を高めていった。以後、培った能力を基礎に、近江志賀郡や丹波の国衆らと関わり、彼らを統率していくことになる。

こうした上位権力者（義昭、信長）の指令を受け持つ奉行人は、単に権力側の意思を権門、あるいは都市民、村落に伝えるだけではない。その住民側の苦情や提案を聞き、それを上位権力者に披露することも役割であった。ここで、大山崎宛の明智光秀・村井貞勝連署状『離宮八幡宮文書』（永禄十三年、元亀二年？）を取り上げてみたい。

今度御人数上下卒爾の乱妨・狼藉迷惑の旨申し上げ候、然らば、当所南道筋猛勢往還の様、広作せらるべくの由候、然るといえども、町道一円相留めらるべく儀は、これある間敷く候、殊に寄宿御免許、御下知・朱印これある由候条、異儀あるべからず候、その意をえられるべくのこと肝要候、恐々謹言、

明智十兵衛尉

六月廿一日　光秀（花押）

村井民部少輔

山崎惣御中

貞勝（花押）

この史料は、大山崎が義昭・信長の軍勢通過による濫妨《らんぼう》・狼藉《ろうぜき》を訴えた際、光秀・村井貞勝が返答した連署状である。両名は、義昭・信長に大山崎が「迷惑」している旨を伝えたうえで、大山崎側から打診のあった「南道筋」の広作（道を広げる）案は認めるが、「町道一円」において軍勢往還を止める件は認めないとする。両名は、すでに大山崎に対して義昭下知状《げちじょう》と信長朱印状によって寄宿免許を認めているので、濫妨・狼藉への善処は執行済みと述べている。

この史料でわかることは、光秀が貞勝とともに、中世都市大山崎側からの苦情や提案を聞き、それを義昭・信長に伝え、その判断を仰いでいる点である。戦争の激化による都市民への迷惑行為は常態化しつつあり、都市側も何らかの対応を迫られていた。

大山崎は西国街道沿いに続く長細い集落である。京都の南西の出入口にあたり、たびたび首都防衛をめぐる戦場となっていた。そのため、大山崎の住民たちは、何らかの対応を権力側に求め、こうした路面拡張、あるいは「町道一円」を相留めるという提案を示したわけである。

京都に入った頃の光秀は、こうした奉行人的な役割を果たしつつ、実務をこなすことで、自らの能力を向上していったといえるであろう。

第二章　光秀の近江支配

志賀の陣

永禄十三年(一五七〇)正月二十三日、前述したように義昭と信長は条書をかわし、互いの権限について確認した。ちょうど、その日付で、信長は「禁中御修理、武家御用」と「天下いよいよ静謐《せいひつ》のため」畿内・近国の大名たちに参洛を求めている。伊勢《いせ》の北畠《きたばたけ》氏、三河《み かわ》の徳川《とくがわ》氏、飛驒《ひだ》の姉小路《あねがこうじ》氏、但馬《たじま》の山名《やまな》氏、河内《かわち》の畠山《はたけやま》氏、丹後《たんご》の一色《いっしき》氏、若狭《わかさ》の武田《たけだ》氏、近江北部の京極《きょうごく》氏、そのほか松永《まつなが》氏、遊佐《ゆさ》氏、畿内近国の有力国衆が名を連ねていた(『二条宴乗記』)。実際、この時、各地の守護大名やその内衆が上洛しており、この信長の触状は一定の効果を達成した。

しかし、越前にいた朝倉氏は、これに応じなかった(『朝倉記』)。そのため、信長は、朝倉氏討伐の計画を立て、四月から実行に移した。ところが金ケ崎《かながさき》城(敦賀市)の戦いが繰り広げられた頃、近江北部の浅井長政《あざいながまさ》が朝倉方に味方して、信長に反旗を翻した。ここで、信長は退路を断たれることを警戒して、京都へ逃げ戻った。この越前攻めの失敗によって、以後、信長対朝倉・浅井という構図が出来上がっていく。

朝倉義景画像

（福井県福井市・心月寺蔵、福井市立郷土歴史博物館寄託）

信長は同年六月、裏切った浅井方への報復として、近江横山城（長浜市）を攻撃し、朝倉・浅井軍との決戦を誘発した。これによって、朝倉、浅井軍が、横山城の北にある姉川《あね》まで進出すると、有名な姉川合戦へと発展した。結果は信長と応援に来た徳川家康の勝利に終わったが、朝倉・浅井方も早めに退却し、自らの軍勢の温存していた。

同年九月、朝倉、浅井方は早くも軍勢を立て直して、湖西路を経て近江志賀郡まで南下した。この南下作戦は、早くから信長と敵対する三好三人衆と、新たにこの陣営に加わった大坂本願寺と連携しており、摂津、あるいは京都にいた信長、義昭を挟撃《きょうげき》する形となった。

九月二十日には、朝倉・浅井軍が森可成《もりよしなり》の籠る宇佐山《うさやま》城へ襲い掛かった。この宇佐山城は、当時の文献では「志賀城」と呼ばれている（『元亀二年記』『兼見卿記』）。元亀元年（一五七〇）、信長は京都と湖西路とのルートを確保するために、琵琶湖との間に「新路」を拵《こしら》えた。その際「新路」は宇佐山城の麓を通過しており（『多聞院日記』）、信長が京都と東国を結ぶルートを確保するため、築城していた様子がわかる。

さて、攻撃を受けた可成は、ここで籠城策を採らず、城外へ打って出て坂本で戦った。しかし、敵の勢いが勝り、可成は討死している。ただし、宇佐山城自体は陥落《かんらく》しなかった

浅井長政画像（滋賀県立安土城考古博物館蔵）

ようである。長政は麓を通過して、醍醐、山科（京都市）まで進出し始めた。

当時、摂津《せっつ》国中島（大阪市）で三好三人衆と戦っていた信長は、いったん京都へ引き返し、軍勢を糾合して、大津、坂本周辺へ進出しようとした。すると、朝倉・浅井軍は衝突を避け、比叡山の南の「青山」「壺笠山《つぼかさ》」に陣取り、山上から入洛をうかがう状態となった。この時、義昭の奉公衆は勝軍山《しょうぐんやま》城（京都市）に入り、この地を京都防衛の最前線とした。光秀も同城に入り、この防衛線を守っていた。

当時、山門（比叡山延暦寺）は、所領をめぐって信長と激しく対立していた。そのため、この時は「青山」「壺笠山」に陣取っていた朝倉・浅井軍を後援していた。信長は宗教勢力として、せめて中立を求めたが、山門側はこれを一蹴した。各地でも、反信長勢力が一斉に蜂起《ほうき》しており、信長も苦しい局面に立たされた。

十一月に入ると、信長は一気に蹴《け》りをつけるため、湖西の拠点堅田（大津市）を攻撃して敵の補給路を断とうとした。ところが、この作戦は失敗し、部将の坂井政尚も戦死してしまう。大坂本願寺が反信長戦線に加わったことにより、近江の真宗門徒が反信長方へ加担を深めたのである。ここで信長も軍事的なカードを使いきってしまい、以後は外交政策で危機を打開しようとした。彼は、敵対する三好三人衆や六角氏との和睦《わぼく》を進め、敵対勢力

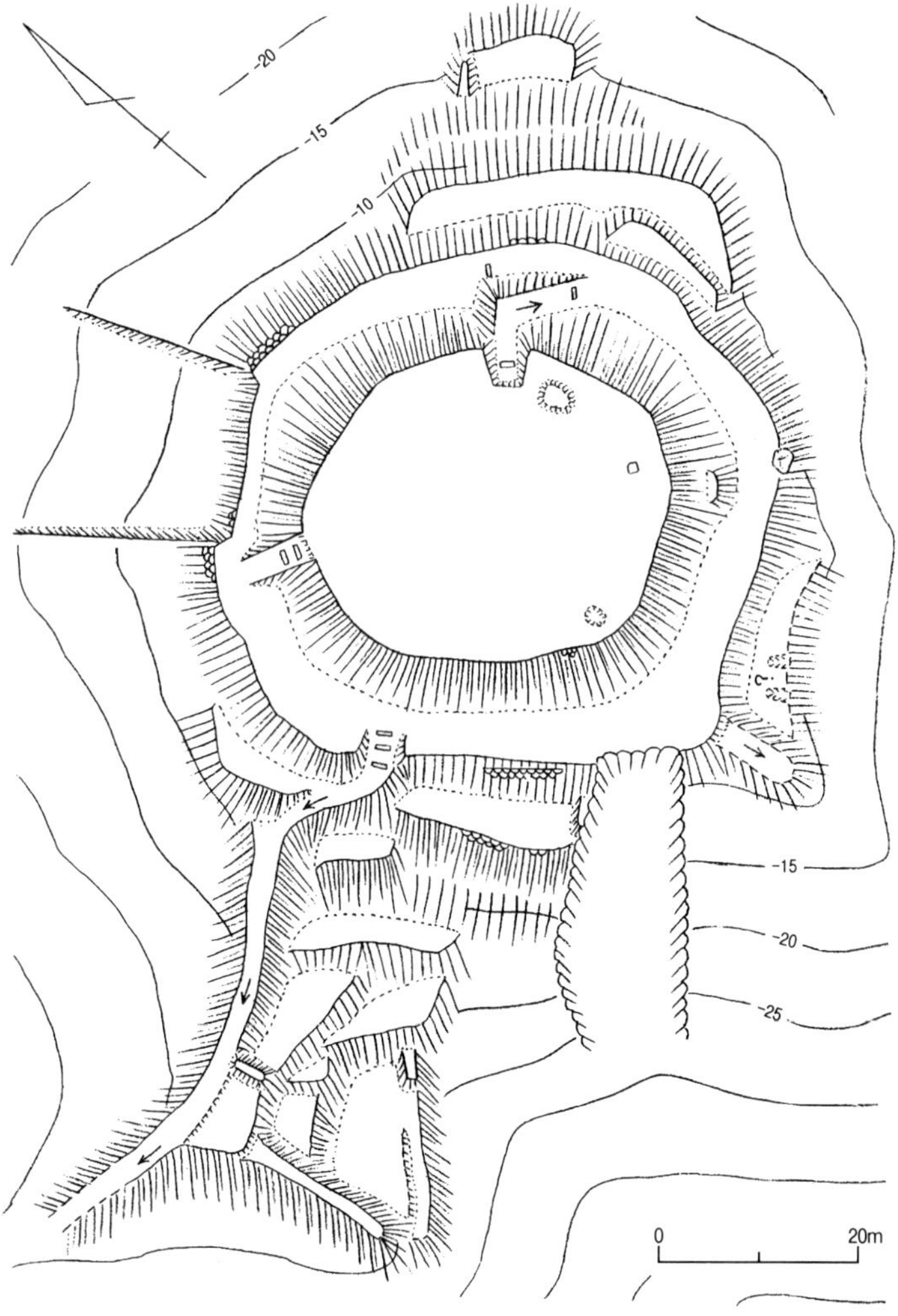

壺笠山城概要図（福島克彦調査・作図）

の切り崩しを図った。

京都周辺における両者の対峙《たいじ》は、十二月まで続いたが、信長が正親町《おおぎまち》天皇に和睦仲介を働きかけ、朝倉・浅井軍との和平へ持ち込んだ。この和睦交渉時も、山門は信長への警戒を解かず、交渉に後ろ向きであった。同じく、信長も、自らに歯向かった山門に対して強い不信感を募らせた。以後、彼は焼き討ちの機会をじっくり狙うことになった。

志賀郡支配と比叡山焼き討ち

元亀元年の戦いでは、明智光秀も勝軍山城に入るなどの活躍をみせ、京都防衛に当たっていた。にも関わらず、全体としては、京都防衛の不備が露呈した形となった。

そこで、翌元亀二年（一五七一）一月より、信長は信頼し得る家臣たちを近江南部の城へ配置していく（谷口克一九八七）。その際、光秀には近江志賀郡を与え、宇佐山城（「志賀城」）に入らせている（『言継卿記』）。前述したように森可成が入った城で、前年の朝倉・浅井軍に攻められた要衝である。

同年七月三日、四日と、光秀は宇佐山城と京都を往復しており、それ以前であったことは間違いない。当時、光秀は城将となりつつも、前述した京都における政務は続けられたものと思われる。その際、城を訪問した公家との間で「大手之口」で会うことが綴《つづ》られており（『元亀二年記』）、宇佐山城に大手口なるルートがあったことがうかがえる。

宇佐山城は、初期の織田権力の城の構造がそのまま残っている貴重な城跡である。現在の近江神宮の背後の山城で、標高三三六メートルである。主郭には食い違い虎口《こぐち》と、東、北の側壁に見事な石垣が残存している。さらに東斜面には、当時のものと思われる城道が通じている。前述した「大手之口」も、この東麓へのルートであろうと思われる。この宇佐山城の山麓には、京都の北白川へ抜ける山中越《やまなかごえ》が走っており、京都と湖西を結ぶ重要な拠点であった。

当時、光秀の志賀郡支配の課題は、山門をどう抑え込むかにあった。前述したように山門は信長との対立から、元亀元年には朝倉・浅井氏を引き入れた過去を持つ。そのため、信長にとって、山門は京都防衛上大きな弱点となっていた。そこで、光秀は、山門膝下《しっか》の湖西の国衆たちを懐柔し、山門の孤立化を図ろうとした。一般に「光秀縷々《るる》諌を上りて云う」（『天台座主記《ざすき》』）と言われるように、光秀は後の山門焼き討ちに対して信長へ諌言《かんげん》したとも伝えられている。しかし、現実には、比叡山膝下の国衆たちを調略し、明智方へ服属するよう積極的に働きかけ、信長のため尽力していた。

ここで、九月二日付、和田秀純《わだひでずみ》宛、光秀書状（『和田家文書』）にふれてみたい。雄琴《おごと》（大津市）の国衆和田秀純へ送った長文の書状で、仰木《おおぎ》（大津市）出身の国衆八木《やぎ》氏の生々しい懐柔の様子が垣間見れて興味深い。

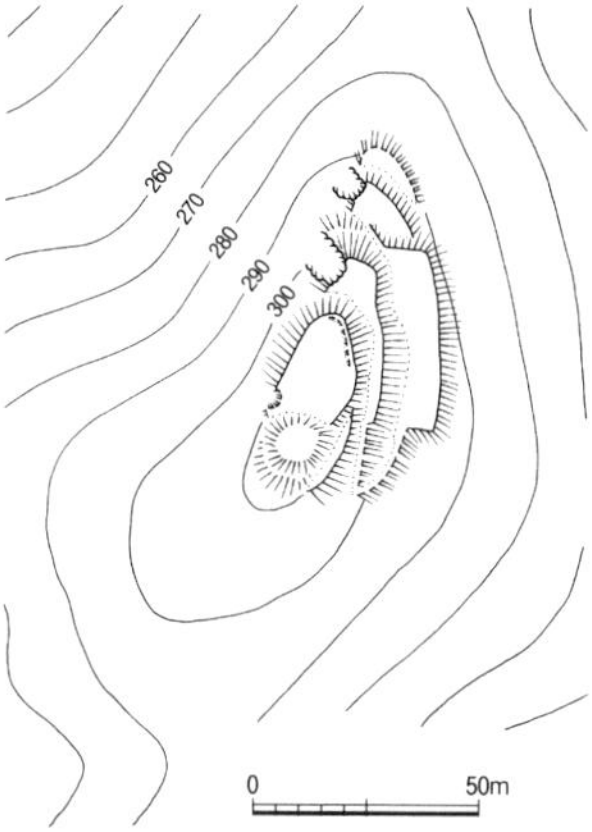

宇佐山城北峰の遺構

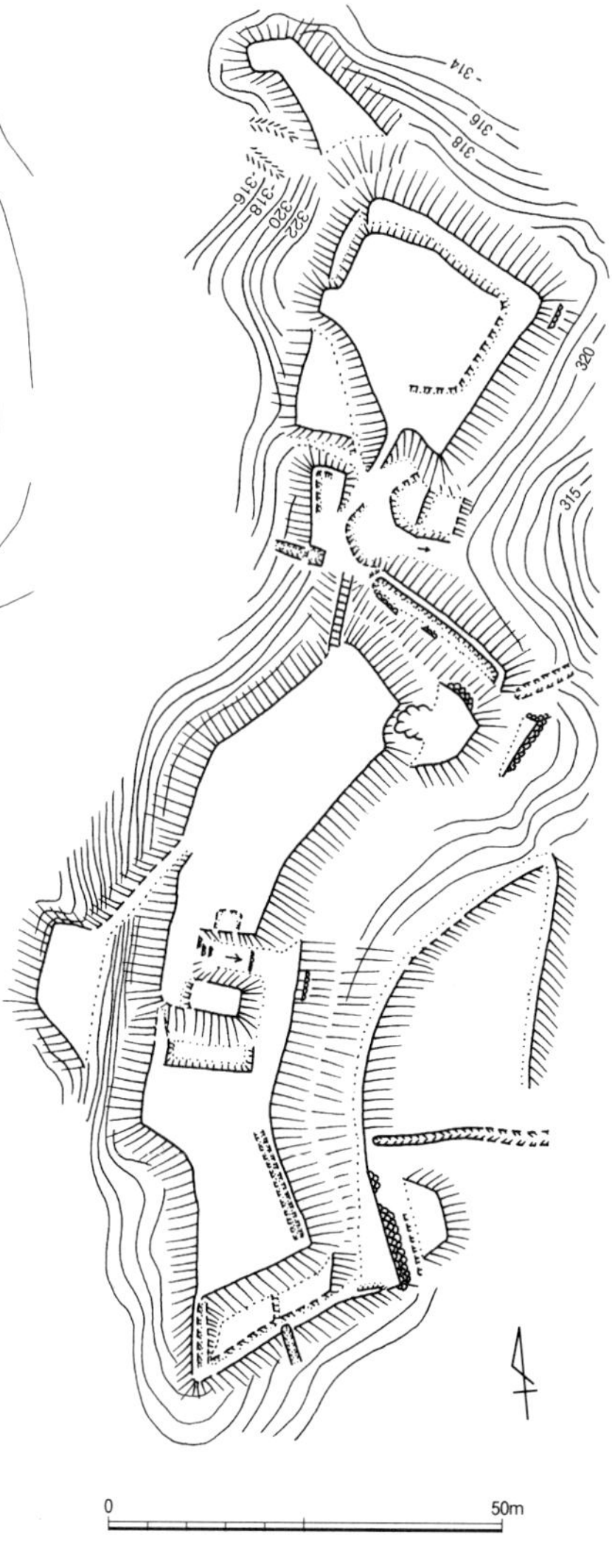

宇佐山城概要図
（福島克彦調査・作図）

尚以てつほう《鉄砲》の球薬一箱参候、筒之事ハ路次心元なく候間、これを進せず候、八木帰られ候時遣わすべく候、返〻愛宕権現へ今度之忠節、我等対し候ては無比之次第候、入城之面〻よく名をかき《書》しる《記》し候て来られるべく候、又堅田よりの加勢之衆、両人衆親類衆たるへく候か、左候共、此方への忠節あさからさるよし、よく申し届けられる候、又此方加勢之事、三人之内に一人つゝ人数を副え、かわり〳〵ニ置くべき候間、その分別かん用《肝要》候、万〻目出度き推量あるべく候、八木対面候て満足、書中には申し得ず候、以上、

御折帋令拝閲候、當城へ入れられ候由尤候、誠今度城内之働古今有間敷儀候、八木方にあひ候てかんるい《感涙》をなかし《流》候、両人覚悟を以って大慶面目迄施し候、加勢之儀、是又両人好次第に可入置候、鉄砲之筒井玉薬之事、勿論可入置候、今度之様躰、皆〻両人をうたか《疑》い候て後巻なとも遅〻由候、是非なく次第候、人質を出候上にて、物うたかいを仕候へは報果次第候、石監恩上候時もうたかいの事をはやめられ候へ之由再三申納候つる、案之ことく別儀なく候て、我等申候通あひ候て一入満足候、次をさな《幼》きものゝ事、先登城之次ニ同道候て上げられべく候、其間八木　此方に逗留たるべく候、弓八幡、日本国小神祇我〻うたかい申ニあらす候、皆〻くち〳〵に何歟と申候間、其

くちをふさ《（塞）》き度候、是非共両人へハ恩掌之地遣わすべく候、望之事きかれ候て、越されるべく候、仰木之事は是非共なてきりニ可仕候、頓而本意たるべく候、又只今朽木左兵衛尉殿向より越され候、昨日志村の城□□ひしころしニさせられ候由、雨やミ次第、長光寺へ御越候て、惣人数□□□□□謹言、

明十兵

九月二日　　光秀（花押）

和源（和田秀純）殿

　この書状は、有名な比叡山焼き討ちの六日前の内容である。志賀郡を管轄していた光秀が、同地の国衆たちを自らに服属させようと努めている様子が知れる。宛名の和田秀純はもちろんのこと、特に八木氏の帰参については感涙を流したことをわざわざ記しており、自らの感激ぶりを文面に出している。これは和田・八木両氏が本当に明智方に心服しているか、明智方において疑っている者がいたためであり、それがために彼らに対する「後巻」（敵を後から取り巻く戦法）が遅れたことを正直に吐露している。そして和田、八木両氏が人質を提出することで、その心服ぶりを周囲に伝え、彼らを懐疑している者の口を塞《ふさ》ぎたい

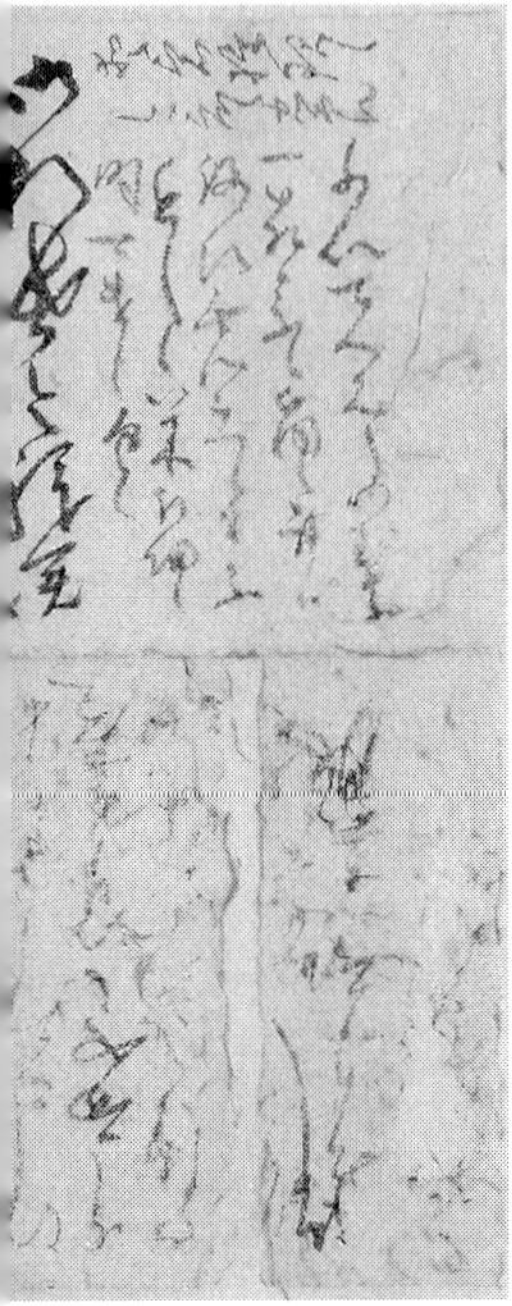

とまで述べている。和田・八木氏とも光秀のいる宇佐山城への「登城」する際、「をさなきもの」（人質）を連れてくること、八木については城に逗留《とうりゅう》すること、を命じている。

国衆の立場からすれば、光秀の離脱工作に乗って、安易に明智方を表明すれば、同時に比叡山膝下の他の国衆や山門勢力の側からの攻撃を受けることになる。実際、彼らは籠城を強いられる状態に陥っていた。ところが、肝心の明智方は本当に両氏が服属したか、疑念を持っており、いまだ「後巻」にも向かわないという態度を取り続けていた。そのため、和田秀純が求める鉄炮、玉薬の搬入も遅れていたのである。

敵対する国衆の懐柔作戦は、織田権力、そして戦国大名の戦略の常套《じょうとう》手段である。しかし、実際には相互不信の根が深く、信頼を得るのには相当な時間がかかった。そのため、部将である光秀が責任を持って、こうした国衆の帰属、心服を見極める必要があった。しかも、国衆たちの心的反発を少しでも和らげるよう、この書状ではく

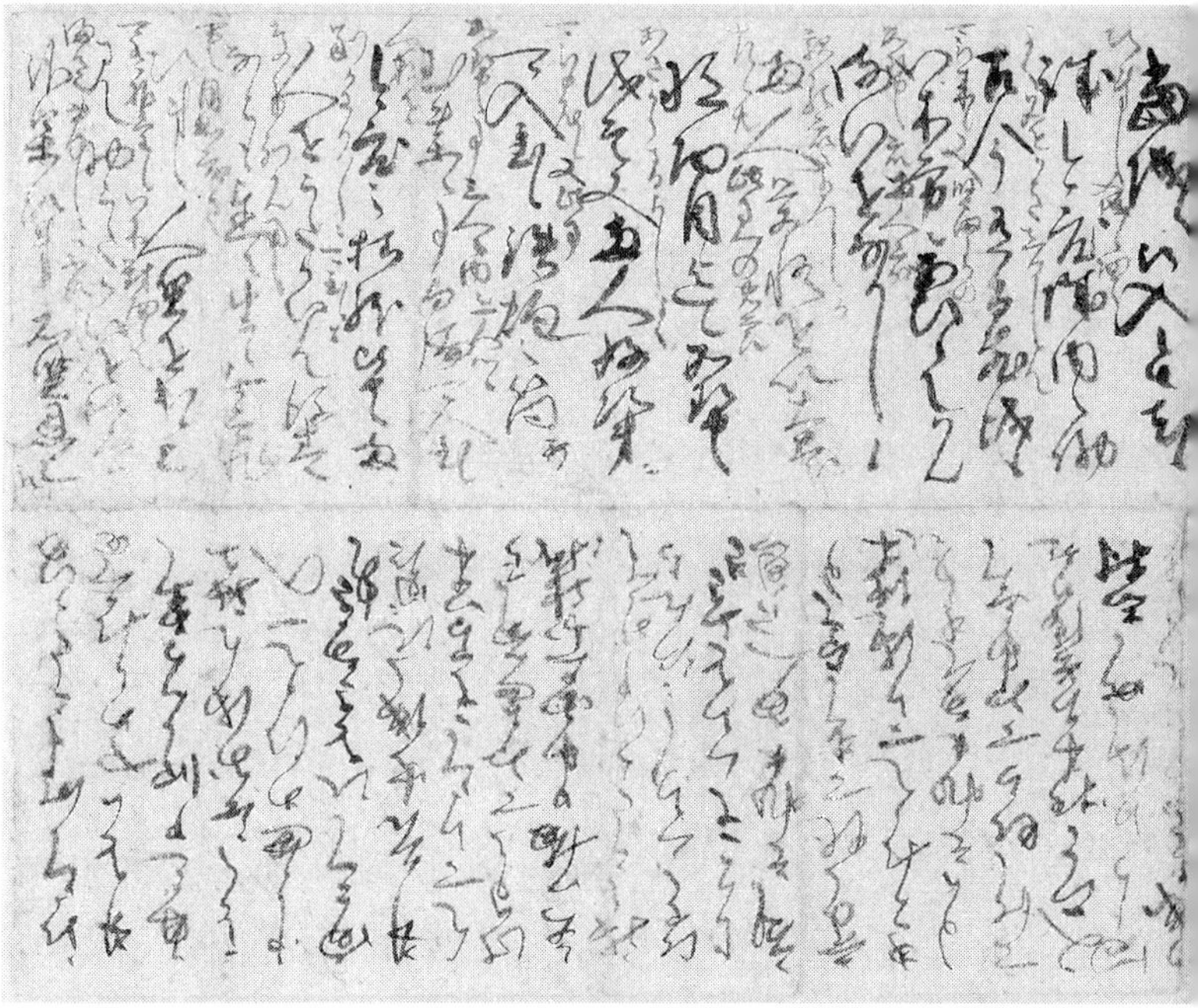

明智光秀書状（画像提供・大津市歴史博物館、個人蔵）

どいほど礼を述べている。特に懐疑している者の口を塞ぎたいという言い方は、明らかに光秀が和田、八木方へ寄り添った言い回しである。

一方で、こうした感情的な書面を書きつつも、段階を踏んだ対応もうかがえる。たとえば、猶々書《なおなおがき》（追伸）で、玉薬は現地へ送りつつも、鉄炮は路次《ろじ》（道筋）が悪いので運送していないと表明し、あくまでも宇佐山城へ逗留した八木方と語った後に贈ると約束している。感激した文面を書きつつも、国衆たちに迎合することなく、冷静な対応をしている。また、和田・八木両氏を通じて、後で述べる堅田《かたた》衆らとの連携も模索されていた点も注目される。

このように光秀は山門からの国衆の離脱を図り、準備万端に調えた後、織田方は六月十二日に、本格的な比叡山の焼き討ちを開始したことになる。上坂本から、比叡山上の東塔・西塔・無動寺まで、ことごとく放火され、僧俗男女三、四千人が討ち取られたという。

宇佐山城跡　南東側壁石垣

宇佐山城跡から坂本周辺を見る

坂本築城と浅井方との死闘

元亀三年（一五七二）閏《うるう》正月六日、光秀は坂本における琵琶湖沿岸に坂本城を築いた。これは沿岸の下坂本に位置し、港を掌握できる立地であった。同年十二月には「城中天主作事」が進められている（『兼見卿記』）。

この時、比叡山を挟んだ洛東の国衆たちも、光秀の膝下に入っている。同年十一月十五日、山中越えの領主、磯谷久次《いそがいひさつぐ》の息子の元服の際、光秀は名付親となっている（『兼見卿記』）。後に磯谷はじめ、渡邊《わたなべ》、山本《やまもと》氏といった洛東の国衆たちは義昭方についたため、明智から「別心」したと記述されている（『兼見卿記』）。つまり、彼らは、信長や義昭ではなく、直接的には光秀の与力《よりき》であったことになる。

こうした地域の武士たちの統制を進める一方、光秀は織田方の前線に立ち、三月十一日には浅井方の和邇《わに》（大津市）を攻撃し、丹羽長秀、中川重政とともに木戸《きど》（大津市）、田中（高島市）に「取出」を築いた（『信長公記』）。五月十九日には饗庭（高島市）における「三坊之城下」を放火し、敵城三カ所を落とした（『細川文書』）。この頃、織田方による浅井方への攻撃は激しさを増し、陸上から浅井氏の拠点小谷《おだに》城周辺の放火が進められ、天台宗寺院の大吉寺が焼き討ちされた。その際、光秀は湖西の打下《うちおろし》（高島市）におり、七月二十四日より堅田（大津市）の猪飼甚介《いかいじんすけ》らとともに「囲船」と呼ばれる軍船を準備し、湖北の漁村や竹生島《ちくぶしま》を大筒や鉄炮で攻撃した（『信長公記』）。

翌元亀四年（一五七三）二月、信長との対立を深めた将軍義昭は、大坂本願寺や朝倉・浅井氏と提携して、信長を攪乱《かくらん》しようとした。特に朝倉・浅井勢は京都周辺の国衆たちと手を結び、織田信長を蹴散らすため、またしても湖西路を南下した。まさしく光秀の領する志賀郡周辺が戦場となった。前述したように、静原・岩倉（京都市）の山本対馬守《つしまのかみ》、田中・一乗寺（京都市）の渡邊宮内少輔《くないしょうゆ》、磯谷久次らが一斉に義昭方に付いたため、「明智儀正躰なく候」と義昭は豪語している（『牧田茂兵衛《まきたもへえ》氏所蔵文書』）。これに対して、光秀は二月十四日に朝倉・浅井軍の南下を木戸（大津市）で食い止め（『革嶋文書』）、さらに蜂起した堅田の町を囲船で湖上から攻撃し、二十九日にはこれを制圧した。

この元亀四年の朝倉・浅井軍の南下は、前述した元亀元年の戦いを人々に思い起こしたようである。『尋憲記』二月十六日条によれば「越前衆」が、また「青山」に陣取るのではないかと、京の人々は噂《うわさ》しあった。しかし、信長は次のように分析して、これを打ち消している。すなわち、先年（元亀元年）の義景出勢の時は高島郡・志賀郡の「此方之城宇佐山一城にて候つる」と評し、今は「城々堅固ニ申付候上者、輙《たやすく》出馬候ハん事不実ニ候」と述べている。複数の城を持って堅固にしているため、義景の南下は困難だろうと分析していた（『細川文書』）。光秀の志賀郡統治は、信長に評価されていたことになる。

注目されるのは、この頃に前述した堅田の国衆猪飼甚介昇貞《のぶさだ》を麾下《きか》に置いたことである。猪飼氏は、従来琵琶湖の水運や漁業を統轄していた国衆であり、織田権力もその実力を見込んで、元亀元年より彼らを傘下に置いていた（高島一九八六・一九八九）。琵琶湖における権限は光秀配下になった後も存続し、羽柴秀吉や丹羽長秀などからも直接命令伝達を受けていた。その意味で、光秀にとっては独立性を持った与力ともいうべき存在であった。重要なことは、昇貞の嫡男《ちゃくなん》である半左衛門秀貞《ひでさだ》が、天正八年（一五八〇）に明智の名字を名乗っていた点であろう。「明知半左衛門」という名乗りで、同年二月四日の津田宗及《つだそうぎゅう》の茶会に参席している。『宗及他会記』では、彼は「片田之いか井（猪飼）事也」と記されていた。光秀は天正三年（一五七五）七月に賜姓と受領任官を受け「惟任日向守」と称するが、以後、明智名字を服属した国衆に付与する事例が散見される。

このように、光秀は国衆たちの立場をできるだけ尊重しつつ、彼らを自らの傘下におさめていった。そして、身近な者だけでなく、有力な国衆たちに対しても「明智」名字を付与していたことがわかる。

中世都市坂本と坂本城

元来、近江坂本は、山門（比叡山延暦寺）の門前町、あるいは琵琶湖西岸の港町として発達していた中世都市である（辻一九八〇・吉永二〇〇五）。比叡山延暦寺は、山上の根本中堂《こんぽんちゅうどう》を中心に三塔十六谷に分かれて堂塔伽藍《がらん》を営んでおり、三千もの僧坊が建ち並んでいた。彼らの生活を支えるため、物資を供給する町場が山麓に形成されたことになる。

近世期がそうであったように、坂本は門前町としての上《かみ》坂本、そして湖岸の港町たる下《しも》坂本（明治二十二年〈一八八九〉比叡辻村と合併時に下阪本村となる）に分かれていた。中世期から、こうした二元的な構成は成立していたが、当時は前者を「六箇条《ろっかじょう》」、後者を「三津浜《みつはま》」（戸津《とづ》・今津・志津）と呼んでいた（下坂二〇一四）。

十世紀後半より、この志賀郡の湖西周辺では山門領が形成されつつあった。そして比叡山の東麓には、分散的な山門領荘園が分布しつつあった。坂本の街は、こうした荘園に囲まれた存在であった。六箇条と呼ばれた上坂本には、寺家、社家、里房が林立し、山門および日吉大社の支配機関としての都市集落となっていた。上坂本には、日吉大社の門前の馬場が十世紀後半に形成され、これを基準にした街区や路地が築かれることになった。江戸期の坂本の景観を描いた「山門三塔坂本惣絵図」（57ページ参照）には街区状に広がった上坂本と、一本街村状に続く下坂本の景観が看取できる。現在もそうした街区が残存している。

一方、湖岸に沿って南北に走るのが、北国街道（海道）であり、それに沿って港が存在し、特に南の小唐崎から北の比叡辻まで、複数の港が点在していた。これらの港は日本海側から湖北を経て、舟運《しゅううん》で運搬される京都への物資を運搬していた。南北朝時代の公卿・洞院公賢《とういんきんかた》の日記『園太暦《えんたいりゃく》』観応二年（一三五一）正月四日条には「坂本浜面在家」という表現が見られ、浜辺に面した在家群という景観を呈していた。十四世紀前半に入ると、こうした港には、山門膝下の水路関（水路に設置された関所）が複数築かれており、水運をめぐる経済的な利権が存在していたことを示す。さらに下坂本周辺には、十五世紀に活発となる馬借や問屋商人が居を構えることになった。

十六世紀中葉を描いているといわれる『近江名所図屛風』（滋賀県立近代美術館所蔵）にも、湖岸に並行する北国街道沿いの商家や集落を区切る釘貫《くぎぬき》（簡易な柵）などが見える。『洛中洛外図』と比較すると、往来する人物はまばらだが、街道筋に見世棚《みせだな》を持つ店舗が軒を連ねている。また里房を思わせる石塁（防御用に設けた石造りの土手）で囲繞《いじょう》された居宅などが見られる。街路には、上坂本へ至る松ノ馬場を思わせる東西路も描かれている。雲掛りをはさんで右上には、鳥居と橋を強調した日吉社が顔をのぞかせており、その門前たる上坂本の集落も描かれている。本図では、元亀二年の比叡山焼き討ち以前における上坂本、下坂本の発展ぶりを見ることができる。永禄十三年三月十九日、奈良の多聞院英俊《たもんいんえいしゅん》は坂本を訪問した際「上坂本家々数多く繁盛ト見ヘタリ、ソレヨリ南ニし少津ノ市場ヲ見物、千五百家もこれ在り歟、小唐崎ノイセ屋ニ留まり了んぬ」と記している（『多聞院日記』）。「少津ノ市場」は湖岸の下坂本と考えられるが、千五百軒の屋敷地があったと記している。

このように、坂本は山門の門前町であるとともに、京都へ物資を運搬する水陸の要と言える都市であった。

比叡山焼き討ちの直後、光秀は坂本に居住するようになった。光秀は宇佐山城を出て、下坂本の湖岸に坂本城を構築し始めた。彼は「山領」を知行《ちぎょう》して「山上ノ木」を伐採《ばっさい》するようになったという（『年代記抄節』）。元亀三年閏正月六日に光秀が「普請」を進めていた記事があり、この頃には構築を進めていたことがわかる。すでに指摘があるように、湖

近江名所図屛風　坂本該当部分（滋賀県立近代美術館蔵）

岸に中世城館を構築した例は意外と少ない（中井一九九七）。ところが、織田権力になると、羽柴秀吉の長浜城、磯野員昌、織田信澄の大溝城と次第に港湾に接した立地を求めるようになる。特に坂本城の場合、中世前期から発展してきた山門膝下の港を一部改変して城を築くため、為政者側のさまざまな思惑が働いたものと思われる。第一は、織田権力が琵琶湖の舟運や湖岸の港町に対して、強い権限を振るおうとしたことである。第二は、長らく山門膝下だった下坂本の港町を、光秀の影響下に置こうとした点が考えられる。以後、こうした港湾と城の立地は、織豊系城郭の政策的基調となっていく。

さて、坂本築城は、元亀二年十二月二十四日には「城中天主作事」が見られ、訪問した吉田兼和は、その大規模な様子に驚いている(『兼見卿記』)。かつて義昭御所で構築された「天主」が坂本城にも設けられた点は注目されよう。「天主」表現がいよいよ、継承されていくことが明確となったわけである。兼和が天正十年(一五八二)正月に坂本城へ下向した際も「小天主」において茶湯、夕食のもてなしを受けた(『兼見卿記』天正十年正月二十日条)。大小の「天主」が屹立《きつりつ》していたことが想像できる。天正八年閏三月二十八日にも兼和は坂本城を訪問し、光秀と面会しているが、その際、光秀は丹波から人夫を動員して、兼和が驚くほどの普請を進めている(『兼見卿記』)。フロイス『日本史』には「大湖(琵琶湖)のほとりにある坂本と呼ばれる地に邸宅と城塞を築いたが、それは日本人にとって豪壮華麗なもので、信長が安土山に建てたものにつぎ、この明智の城ほど有名なものはないほどであった」と述べている。坂本城は、信長の安土城に次ぐ威容を誇ったことになる。

坂本城跡は、現在ほとんど地表面に遺構を残していない。ただ、下坂本の東南《とうなん》寺周辺に

坂本山城周辺図（明治23年地図を元に福島克彦作成）

小字「城畔」と呼ばれた区域が残っており、この周辺が城の中枢と推定されている。最近の発掘調査によれば、湖岸に沿って三棟の小型の礎石建物、石組み溝などが確認されている。東南寺の北東五〇メートルの地点では、坂本城の第一九次調査において高さ一・二メートルのL字形の石垣が検出している。また、湖岸に接する湖中にも石垣が確認されており、やはり湖岸に接した城跡であった。出土した軒丸瓦《のきまるがわら》は、細川藤孝が築いた勝龍寺《しょうりゅうじ》城跡（長岡京市）、さらに越前小丸《こまる》城跡（福井県越前市）と、同笵《どうはん》（文様のある瓦当部分に同じ笵型がもちいられた）であったことが確認されており、瓦自体の移動があったか、同じ瓦職人を採用していたことが考えられる（土山一九九〇）。

天正三年五月、薩摩から島津家久《しまづいえひさ》（後の藩主とは別人）が伊勢参詣をかねて京都へやってきた。その際、五月十四日、光秀の招きを受けて、彼は比叡山系を越えて坂本見物へ出かけている。彼が「坂本の町に一宿」すると、光秀から「参会有へき由」と誘いがあった。宿の後に舟が到着し、そのまま坂本城へ向かったという。舟は三畳敷の家を建てていた特殊なつくりであった。翌十五日には、家久はまだ焼き討ちの痕跡が残る上坂本を見学した後、下坂本の宿へ戻り、再び光秀の歓待を受けた。光秀は、城から出て城下に入り、ここでもてなしの席を設けた。当初四畳半の茶席を用意したが、家久が気後れしたため、酒肴《しゅこう》

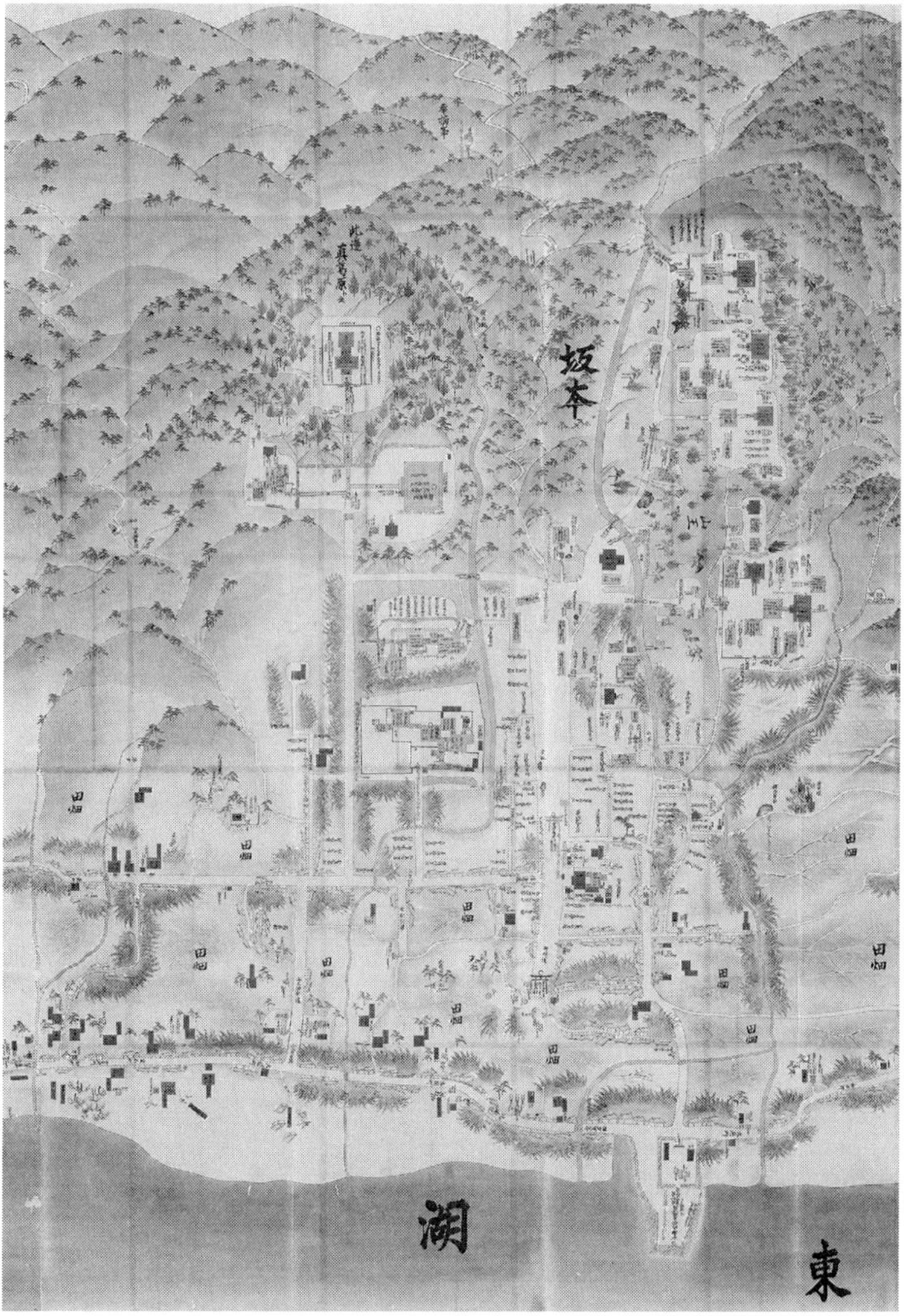

山門三塔坂本惣絵図（国立公文書館内閣文庫蔵）　左下周辺が坂本城跡となる。

として鮒、鯉、むつ（カワムツ）、はへ（オイカワ）といった湖の魚を捕らえる場を設けた。すなわち、こうした湖の魚をヨシの中へ紐《ひも》によって寄せ、竹で編んだ簀《す》へ追い込んでいく作業であった。家久も「目さましき事」と感嘆している。

家久は、坂本城内に強く関心を示し、城内の見学も試みている。「城のたくハへ、其々の倉、薪《まき》など迄《まで》積置候事、言の葉におよハす」と、やはり驚いている。この後、家久は光秀と別れを告げて、舟で宿へ帰着したが「宿のうしろ」に着いたという。つまり下坂本には、城の周囲に従来から町場があり、宿の背後は琵琶湖か、舟が航行できる水路がめぐっていたものと思われる。

後述するように、光秀は、丹波攻略を進め、坂本城以外にも亀山城《かめやま》（亀岡市）、福知山城《ふくちやま》（福知山市）などを築城し、政治的拠点としているが、最後まで光秀の子息、婦女子、親族が住んでいたのは坂本城であった。『フロイス日本史』でも「明智の主城、坂本」と記されている。天正十年六月十四日、山崎合戦で光秀が敗死した直後、光秀の娘婿明智秀満《ひでみつ》が坂本城に入り、籠城した。しかし、結果として秀吉方に攻囲され、「天主」「殿守」（『大阪城天守閣所蔵文書』『高木文書』）において、切腹している。「天主」「殿守」も焼け落ちたという。その際、秀満は押し寄せてきた秀吉軍に対して「多額の黄金を窓より海中に投入し」、攻め手に譲渡している。また、刀工来国行《らいくにゆき》の刀、同じく名工として知られた粟田口吉光《あわたぐちよしみつ》の脇指《わきざし》、虚堂智愚《きどうちぐ》（中国の禅僧）の墨跡など、光秀が蒐集《しゅうしゅう》していた名器を「殿主より下へおとし」、後世に残すため秀吉方の堀秀政麾下の堀（奥田）直政に譲渡したと伝える（『川角太閤記』）。こうした名器を保管していた事実を勘案しても、複数の拠点を持つ光秀の拠点のなかで坂本城が家中の城という存在だったと思われる。

この坂本落城の局面で、もうひとつ注目したいことは「天主」「殿守」（『兼見卿記』『高木文書』）が「最高の塔」（フロイス『日本史』）と呼ばれた事実である。天主にも大小があったが、「塔」すなわち櫓も林立していたと思われる。そして、もっとも高い「塔」（櫓）を「天主」と呼称していたことになり、櫓の差別化のなかで「天主」が形成されてきたことを示唆《しさ》している。

足利義昭の追放

元亀元年の志賀の陣の際は、信長と義昭との関係は良好であり、両者は協力し合って、朝倉・浅井軍を防いだ。当時信長は自らの拠点を岐阜においており、荘園領主の領有関係が複雑に入り組んだ京都周辺は、むしろ将軍義昭に任せていた側面も見られた。元亀三年三月には、義昭は京都における信長の「御屋敷」を普請するため、徳大寺殿の邸宅を収公（没収）し、「四方築地《ついじ》（瓦屋根つきの塀）」の構築を命じている。この築地普請については義昭の側近、三淵藤英《みつぶちふじひで》、細川藤孝が担当していた（『兼見卿記』）。

もっとも、次第に将軍の権限を主張するようになると、信長との対立が表面化するようになった。そうなると義昭と光秀の関係も微妙に変化していた。元亀二年の十二月頃、義昭は、光秀が旧山門領という名目で曼殊院《まんしゅいん》領などの門跡《もんぜき》領を光秀が押領したとして、これを譴責《けんせき》している。同三年九月、信長から義昭に対して意見十七ヶ条が提出され、義昭の能力に対して、さまざま疑問符が出された。この文面のなかにも、光秀が地子銭《じしせん》を「納め置き」買物の代金として支払ったことに対して、義昭が「山門領」といいかけ、支払った者から押領したことを批判している。信長は、光秀の行為を批判する義昭を問題視しているのである。光秀が義昭と疎遠になっていくと同時に、次第に信長が光秀をかばう過程がみえてくる。

こうした対立は、元亀四年（一五七三）に入ると、決定的となる。義昭は前年の五月に寵臣《ちょうしん》の三井寺《みいでら》光浄院暹慶《せんけい》を山城国上守護に任命していたが、彼に対して同四年二月二十六日、西近江で挙兵するよう命じた。光浄院暹慶は今堅田（大津市）に兵を入れ、石山（大津市）に城を構えた。しかし、石山城はまだ作事半ばであり、織田方に攻められ開城した。今堅田は湖上から、光秀の囲舟、丹羽長秀、蜂屋頼隆《はちやよりたか》は陸から攻撃し、これを陥落させた。この戦いは、光秀方も「数輩」が戦死したという。特に明智方の千秋輝季《せんしゅうてるすえ》らが戦死し、彼の父月斎はおおいに落胆した（『兼見卿記』）。そのため、光秀は西教寺《さいきょうじ》（大津市）に対して一八人の「討死之輩」の供養米寄進状を送っている。これは「咲庵光秀」という署名で現在も西教寺に残存している（『西教寺文書』）。

三月七日、義昭は信長との断交し、戦備を整えた。三十日には、義昭が村井貞勝の屋敷を包囲した。貞勝は、この包囲網をぬって脱出した。四月には、光秀、藤孝が信長に従い、下賀茂《しもがも》から嵯峨《さが》まで一二八カ所を焼き払った（『公卿補任』）。さらに「足軽」以下が派遣され、二条以北の上京を焼き払った(『兼見卿記』)。こうした信長の威嚇《いかく》行為により、正親町天皇は二条晴良《にじょうはるよし》を勅使《ちょくし》として、信長のもとへ派遣し、義昭との和睦を模索した。一方、義昭は「武家御所御普請」の命令をし、「天主壁」の工事を進めた。この直後の四月二十八日、義昭と信長の間でようやく和議が成立した。以後、しばらくして、七月二日、義昭自らの御所から「退城」し、槇島城《まきしま》(宇治市)へ入った。

この段階で、義昭御所には、義昭の側近だった三淵藤英が一人在城していたという。織田方の将である柴田勝家は、開城するよう交渉した。七月十二日、藤英が退城。すると、城内の物品に対する略奪が続き、「京都御城」と呼ばれた御所も破却された。翌日には「御殿」は「洛中洛外取り次第なり」という状態になったという(『兼見郷記』)。

さて、義昭御所が略奪されていた頃、吉田兼和のもとに織田方の部将たちがやってきた。以下、『兼見卿記』七月十四日条を見てみたい。

十四日、壬辰、早々柴田(勝家)、藤吉郎(羽柴秀吉)、瀧川(一益)・丹羽五郎左衛門尉・(松井)夕閑、前場(波)七郎兵衛各来たる、予すなわち罷り出で、子細を相尋ねるの処、当山御屋敷ニ然るべしの由、明智御前に於いて申す也、然る間、信長より仰せ付けら

れ見来之由申されおわんぬ、予云う、御意にあうべきか、なかなか御屋敷に成り難き、
安堵すべきの由各申す也、

やってきた柴田勝家、木下秀吉(羽柴秀吉)、滝川一益《たきがわかずます》、丹羽長秀の四名は、言うまでもなく、信長の主だった部将たちである。松井有閑《まついゆうかん》は信長の側近、前波七郎兵衛《まえばしちろべえ》は越前出身の部将である。彼らは吉田家の神域でもある吉田山が、信長の「御屋敷」の場所としてふさわしいかどうかを見聞しようとしていた。彼らの話では、光秀が信長に対して、吉田山が信長の「御屋敷」にふさわしいと述べたので、信長は直属の部将たちに立地を検分させたのである。しかし、結果として「御屋敷に成り難き」と評され、各部将が兼和に安堵《あんど》するよう述べたという。

この内容は、信長の「御屋敷」について、部将たちが共通の価値観や築城観を持っていたことを示す貴重な内容である。同時に、光秀が吉田山という独立丘陵に築城を拘ったことを示している。前述したように、信長には前年より徳大寺《とくだいじ》邸跡の「御屋敷」を義昭が構築しつつあった。しかし、それとは別に「御屋敷」を勧めたことになる。さらに、京都初の洛中城郭である義昭御所が破却されるタイミングで、光秀が主張したとすれば、本格的

な城を求めていたものと思われる。結果として、築城には不適ということで、吉田山に信長の「御屋敷」が築造されることはなかった。このあと、信長は京都に本格的な城館を築かなかった。その理由は不明であるが、後の本能寺の変のことを想起すれば、光秀には京都が襲撃され得る場所として認識していたことになる。

第三章　光秀の丹波攻略

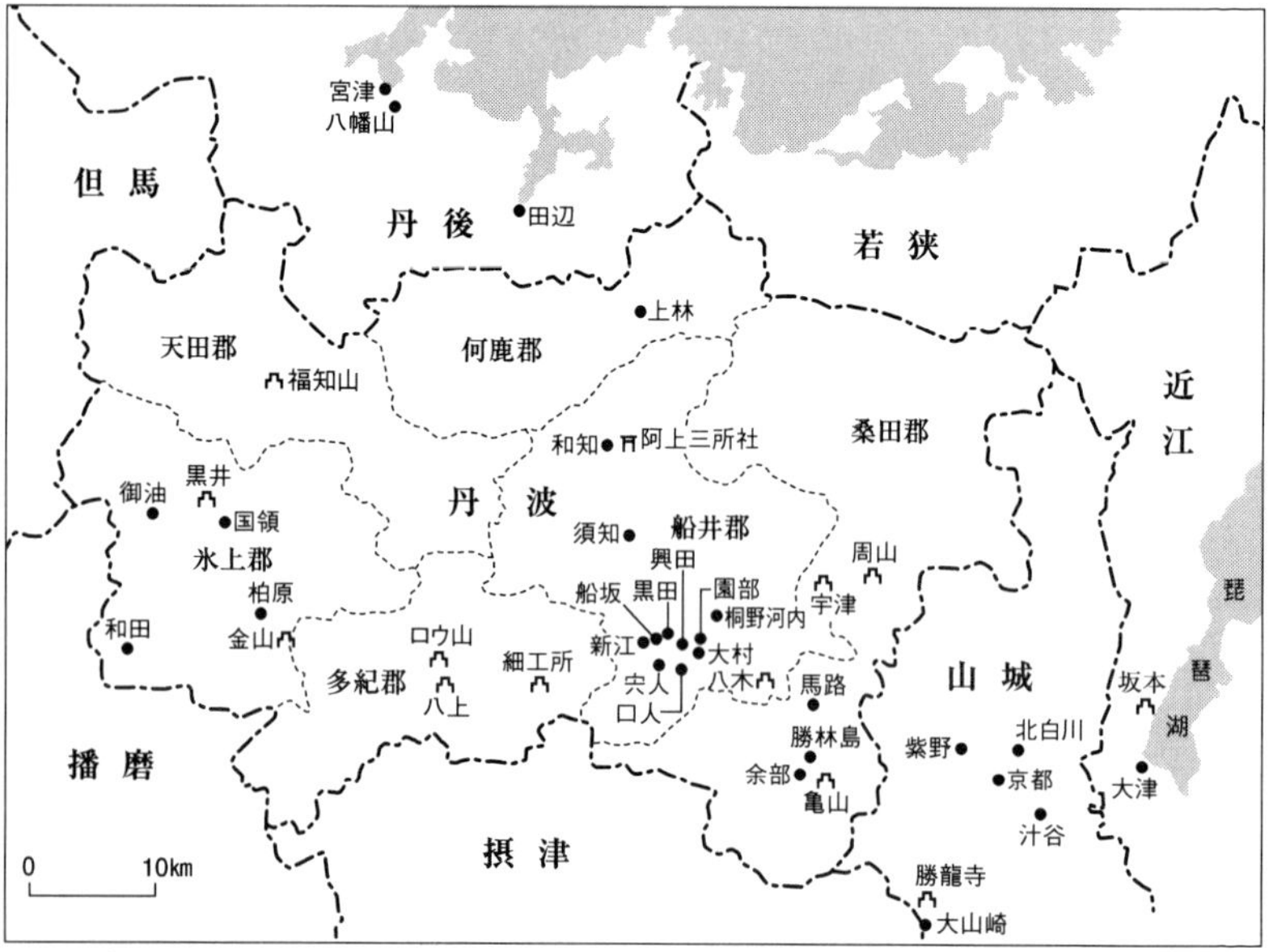
宮津
八幡山
但馬
丹後
田辺
若狭
上林
天田郡
何鹿郡
福知山
近
江
和知
阿上三所社
桑田郡
黒井
御油
国領
丹
波
須知
船井郡
氷上郡
興田
周山
柏原
船坂
黒田
園部
宇津
琵
和田
金山
ロウ山
桐野河内
新江
大村
多紀郡
細工所
山
城
坂本
宍人
八木
馬路
琶
八上
口人
湖
勝林島
北白川
播磨
紫野
余部
京都
大津
亀山
汁谷
摂津
0
10km
勝龍寺
大山崎
丹波周辺図

丹波攻略の始まり

元亀四年（一五七三）に義昭を追放した信長は、これに同調した勢力の追討を進めていた。天正三年（一五七五）六月、光秀は丹波攻略を信長に命じられたが、これは義昭に同調した守護代内藤《ないとう》氏、あるいは宇津《うつ》氏らを制圧するためであった（『小畠《こばたけ》文書』）。

元来戦国期丹波は、細川京兆家《ほそかわけいちょう》が守護職を担当してきたが、信長の上洛以降、細川昭元《あきもと》（信良）が追い落とされた。さらに、当初守護代職の内藤氏はじめ、波多野《はたの》氏、荻野《おぎの》氏らが、義昭・信長に従ったため、元亀四年正月段階の丹波国は「信長衆」と認識されていた（『尋憲記』）。しかし、義昭と信長の対立が表面化すると、荻野氏、宇津氏、内藤氏などが信長に抵抗の意思を示し始めた。

信長は船井《ふない》郡宍人《ししうど》（南丹市園部町）の小畠氏、桑田《くわた》郡並河《なみかわ》（亀岡市）の並河氏（『丹波志桑田記』所収文書）、同じく桑田郡野々村荘（南丹市美山町）の川勝《かわかつ》氏ら（『記録御用所古文書』）に、守護代の内藤氏、桑田郡宇津（京都市右京区京北町）の宇津氏らの討伐に光秀を遣わす旨を伝え、協力を求めている。これを契機に、織田方に服属した丹波の国衆たちは光秀の統率下に配属されていく。

このうち、小畠氏は十五世紀後半より北野社領船井荘の荘官である一方、細川京兆家の被官となって、知行地を拡大した勢力である。光秀の丹波攻略の際は、兄の常好《つねよし》が船井郡の知行地を守り、弟の永明《ながあき》が明智方として従軍していた。

丹波における光秀の発給文書では、知行宛行や安堵、諸役賦課免除などが記されており、一部を除いて彼に強い権限が任されていたことが指摘されている。その一方で、光秀が統治した際、丹波国衆に対する文書では書止文言は「恐々謹言」、宛名敬称では「殿」「御宿所」とあり、書札礼としては厚礼なタイプと言われている（小久保二〇一五）。つまり、光秀は強い排他的権限を行使しつつも、国衆らに対しては強圧にあたることなく、柔軟に接していたことがわかる。これらは、前述した近江国志賀郡の様相とも通じている。光秀は攻略を進めるため、服属した丹波衆によって、抵抗する同じ丹波衆を制圧するという戦い方であった。換言すれば、光秀の丹波攻略とは丹波衆同士の戦いでもあった。

光秀は、信長の命が下った同年六月段階において、丹波へ入国している（『大雲山誌稿』）。やはり内藤氏、宇津氏の攻撃を進めつつあり、同年と推定される七月二十四日付小畠左馬進《さまのしん》永明宛の光秀書状（『小畠文書』大東急記念文庫所蔵）では「宇津表」（京都市右京区京北町）

への軍事行動を見越して、永明に対し桐野河内（南丹市園部町）へ出陣するよう命じている。桐野河内とは室町幕府御料所があったところで知られているが、宇津からみて南西に位置し、大堰《おおい》川の下流にあたる。光秀は「鋤鍬《すきくわ》其外普請道具」を用意するよう命じ、杣《そま》（木材の切り出しを業とする木樵《きこり》）がいた場合「まさかりを持可被相連」と指摘している。大堰川の急峻《きゅうしゅん》な渓谷が続く宇津周辺へ軍勢を進めるためには、新たに道路などを切り開く必要があり、こうした杣の徴発も求められたようである。

ところが、八月に入ると越前国で一向一揆《いっこういっき》が起こり内乱状態となった。信長はこれを鎮圧するため、出陣する。すると、光秀もこれに同行し、同月十五日には越前へ下向《げこう》している（『信長公記』）。そのため、光秀は宇津攻めの直前で、その前線から離脱したものと思われる。

こうした様相は、八月二十一日付の小畠左馬進宛の光秀書状（『小畠文書』大阪青山歴史文学博物館所蔵）の記述で確認できる。すなわち、永明の「疵《きず》（傷）」に対する心配を記した上で、現在滞在する越前から丹波の「馬路・余部在城之衆」へ指示を伝え、自らも隙があれば丹波の「宇津処」へ押し入りたいと表明している。やはり、光秀不在の間に宇津における戦いが進められていたものと思われる。したがって、光秀が心配していた永明の傷は、やはり戦傷であろう。光秀は「疵如何候哉、御心元なく候、其以後使者を以って成共申入れるべく処、遠路に付き無音、誠に本意を失い候、能々養性御油断あるべからず候」と述べ、丁重な表現で左馬進の傷を心配し、よくよく養生を勧めていた。さらに九月十六日付の書状(『小畠文書』大阪青山歴史文学博物館所蔵)では「仍疵御煩之由、従上京辺申越候、如何無御心許候、時分之儀候条、無油断御養生簡要候」と、戦傷の「御煩」を心配し、くどいほど養生を求めている。そして来る二十一日からの作戦行動については「縦え能く候共、寒天に向かい候間、先遠慮あるべく候」と述べ、たとえ傷が癒えても、冬場になるので辞退してよいとし、万一呼び寄せることがあった場合は「乗物にても、出陣あるべく候」と伝えている。これらも、光秀が繰り返し永明の傷を心配している様子がうかがえる。

以上の内容から、光秀が配下に入った国衆に対して、丁重な文面で気遣っていた様子が理解できよう。やはり光秀自身が低姿勢で国衆たちに臨んだことを示す一方、宇津攻めから離脱した後ろめたさが背景にあったものと推察できる。当時は光秀と直接主従関係がない国衆たち対象であった。彼らをどう丹波攻略戦に参陣させていくかが、大きな課題となっていた。

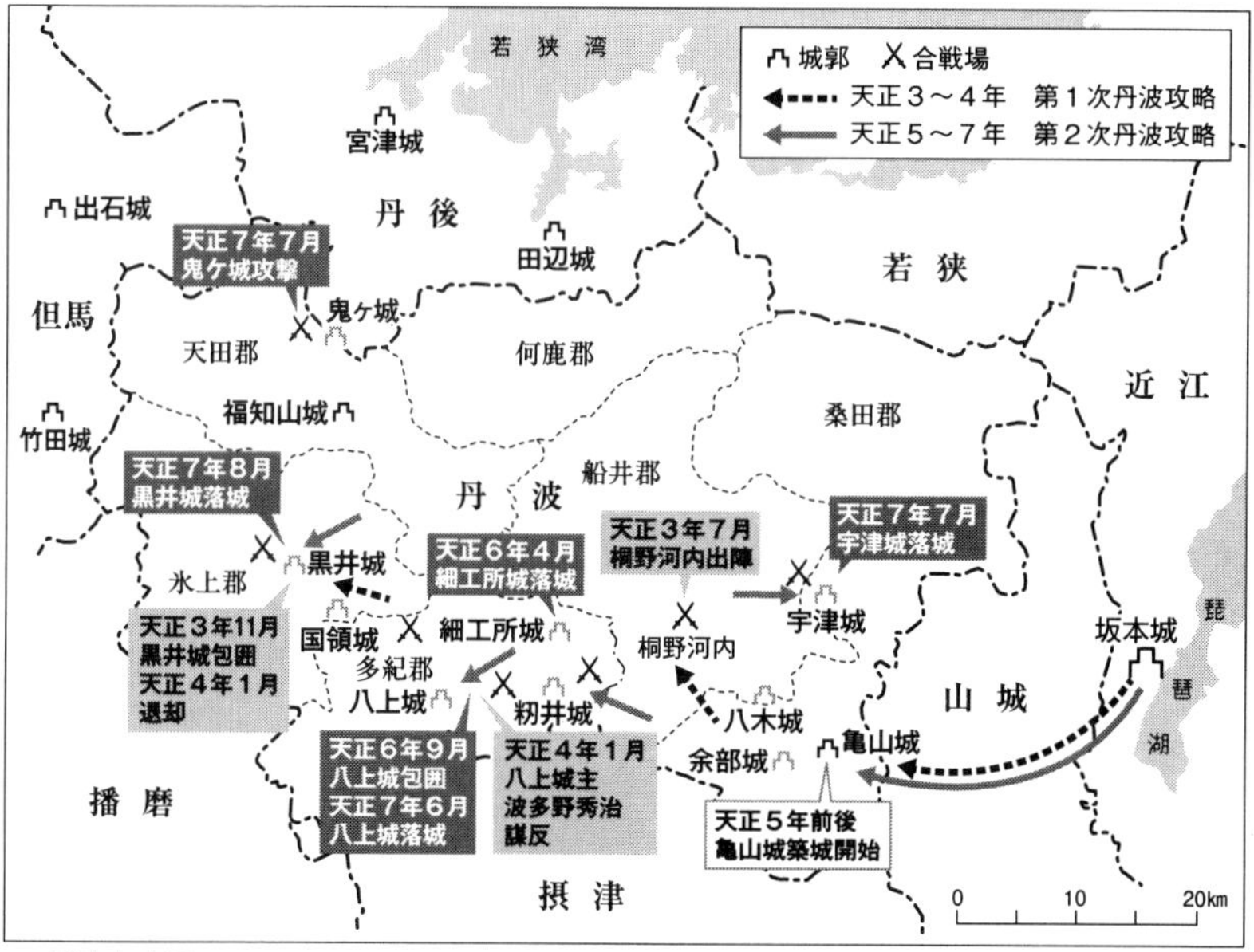

城郭　合戦場
天正３～４年　第１次丹波攻略
天正５～７年　第２次丹波攻略
若狭湾
宮津城
出石城
丹後
田辺城
若狭
天正７年７月
鬼ケ城攻撃
鬼ヶ城
但馬
天田郡
何鹿郡
近江
福知山城
桑田郡
竹田城
天正７年８月
黒井城落城
船井郡
丹波
天正３年７月
桐野河内出陣
天正７年７月
宇津城落城
黒井城
天正６年４月
細工所城落城
氷上郡
宇津城
琵
坂本城
天正３年11月
黒井城包囲
天正４年１月
退却
国領城
細工所城
桐野河内
多紀郡
山城
琶
八上城
籾井城
八木城
湖
余部城
亀山城
天正６年９月
八上城包囲
天正７年６月
八上城落城
天正４年１月
八上城主
波多野秀治
謀反
播磨
天正５年前後
亀山城築城開始
摂津
0
10
20km

丹波攻略図

荻野直正との対決

以後、光秀は丹波攻略に復帰し、十二月には氷上郡《ひかみ》へ進出して、荻野直正《なおまさ》の籠る氷上郡黒井城（丹波市春日町）を攻めた。直正は前述したように、三好権力の後援を受けていた守護代内藤宗勝《むねかつ》を敗死せしめた武将である。

荻野氏は、十三世紀頃、東国から丹波へ移り住んだ武士である。十四世紀の南北朝内乱期は荻野朝忠が勢力を振るっていた（大村二〇一二）。その活躍以来、丹波国奥郡（天田《あまだ》、何鹿《いかるが》、氷上の三郡。73ページ地図参照）に勢力をはっていた。しかし、十六世紀前半において、細川京兆家の分裂によって、一族間の抗争が続くと、ほぼ同時期に氷上郡赤井野《あかいの》（丹波市氷上町）を本貫地《ほんがんち》（武家の名字の由来となった地）とする赤井氏《あかい》が台頭してくる。そして十六世紀中葉、赤井時家《ときいえ》は次男直正《なおまさ》を荻野氏へ猶子《ゆうし》として送り込むようになる。これによって赤井氏と荻野氏が連携するようになり、ほぼ氷上郡を版図に収めていた。以後、直正は実家の赤井幸家《よしいえ》と連携しつつ、勢力を広げていった。

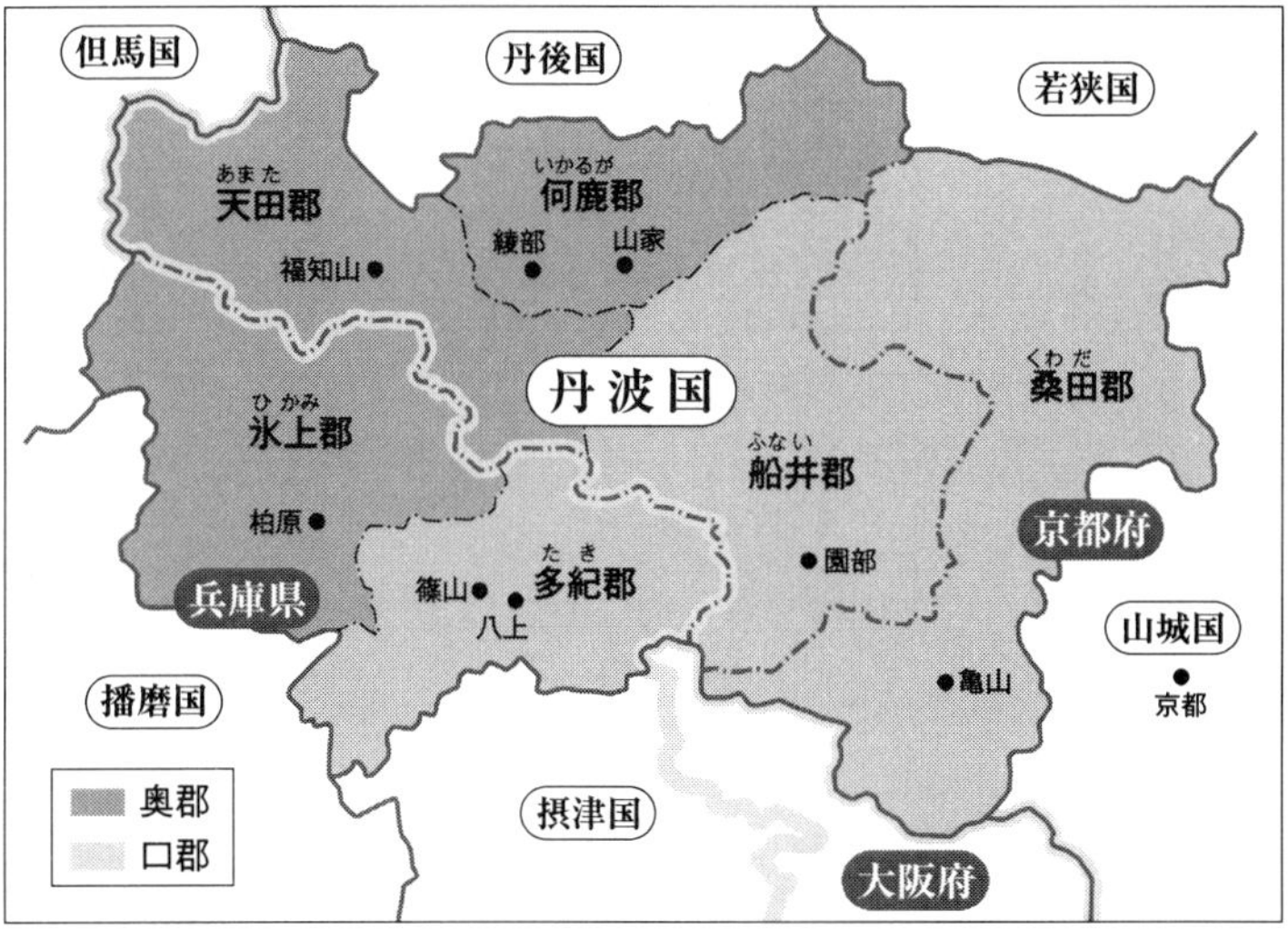
但馬国
丹後国
若狭国
天田郡《あまた》
何鹿郡《いかるが》
福知山
綾部
山家
丹波国
桑田郡《くわだ》
氷上郡《ひかみ》
船井郡《ふない》
柏原
京都府
篠山
多紀郡《たき》
八上
園部
兵庫県
山城国
播磨国
亀山
京都
奥郡
口郡
摂津国
大阪府

丹波国の地域図

信長が義昭を奉じて上洛した後は、荻野・赤井氏と織田権力は良好な関係を保持していたが、元亀四年に義昭と信長の間で緊張が走ると、荻野直正も信長に抵抗するようになっていた。同年正月二十七日、大坂本願寺顕如《けんにょ》は朝倉義景との書状のやり取りで、直正が義昭に呼応して「京表行の儀」を進めることになったという。しかし、顕如は丹波の「国侍」は「奥・口とももって不和の国」と分析し「信用に足らず」と評価している（『顕如上人《しょうにん》御《ご》書札案留《しょさつあんとめ》』）。当時、口郡（73ページ地図参照）には八木城にいた宗勝の子でキリシタンの内藤ジョアン貞弘《さだひろ》が再び勢力を拡大しつつあった（福島二〇一四）。貞弘は御供衆として義昭を応援したが、その一方で織田方とも通じていたようである。もともと氷上郡の荻野氏とは対峙していたため、反織田勢力でまとまらなかったようである。

前述したように元亀四年七月、義昭は槇嶋で挙兵に及んだが、結果的に信長勢に敗れた。義昭は子息を人質に出して、降伏し、命だけは助けられ、西国へ落ち延びることになる。以後も内藤氏らは八木城に居住していたが、天正三年六月、信長は光秀に対して丹波攻略を命じた。

十月頃に入ると、氷上郡の荻野直正に攻撃対象が絞られてくる。当時直正は、但馬の出石《いずし》の山名氏及び竹田の太田垣《おおたがき》氏と戦っていたが、光秀の侵入を聞き、すぐに引き返した。

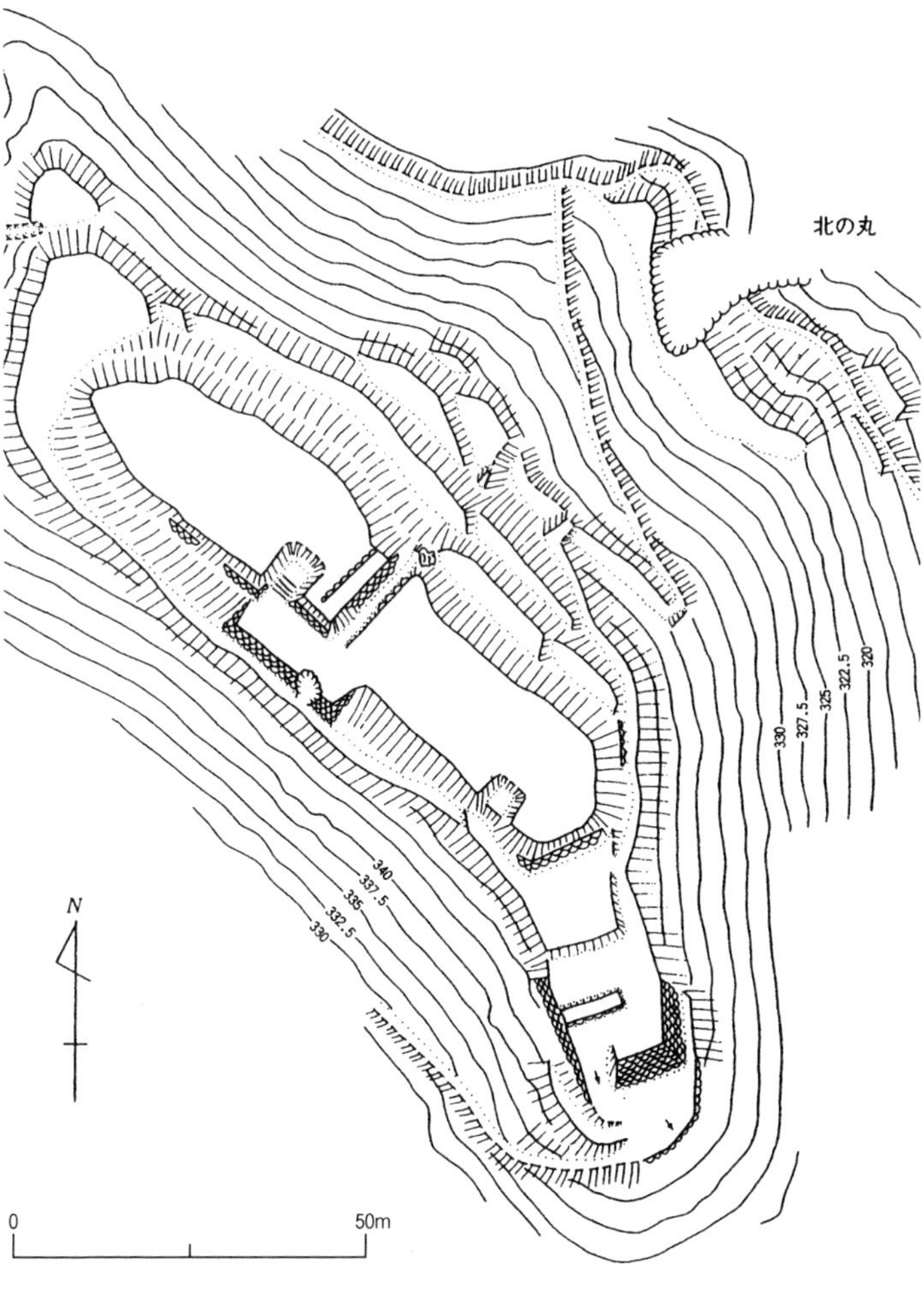

黒井城本城部概要図（福島克彦調査・作図）

この光秀による最初の黒井城攻めは、但馬八木を拠点とする八木豊信《とよのぶ》による十一月二十四日付、吉川元春《きっかわもとはる》宛の書状（『吉川家文書』）に詳細に記されている。これによれば、明智光秀による丹波乱入により、荻野直正は但馬から退き、彼の拠点黒井城に籠城を開始した。光秀軍は黒井城の周囲の一二、三カ所に「相陣」を置き、城に近くのものは、城の「尾崎」に固めたという。そのため、黒井城は兵粮《ひょうろう》が続かず、来春には陥落するものと認識されていた。当時「丹波国衆過半」が光秀に味方していたという。さらに光秀は使者を但馬に派遣して「無事を取り扱うため」信長の朱印状を送ったという。当時、信長は大坂本願寺とも和平交渉を進めていた記事も載っており、信長による畿内制圧も佳境に入っていた。

黒井城は標高三五六メートルの城山を中心に、周囲の尾根線や支峰にも城郭が配置された、丹波有数の大規模城郭である。石垣が残っている城山山頂部は、本来荻野氏段階から中枢区域だったと考えられるが、現状では織豊期（明智・羽柴期）に改修、拡張されており、当時の様相はうかがえない。高石垣で区画された虎口空間、さらにコビキAの軒丸瓦《のきまるがわら》が大量に出土しており、織豊系城郭の痕跡《こんせき》を強く残している。

一方、城山の西側にある西の丸には、東西三〇〇メートルの連郭式山城が残る。こちらの方は、堀切、櫓台、横堀がセットで残され、典型的な土造りの城である。これらは、石垣造りの遺構とは対照的であり、まさしく荻野氏段階と考えられる。また、西の丸のさらに西にある千丈寺山砦《とりで》は小規模ながら土塁が築かれている。さらに北側には、やはり土塁が築かれた龍ヶ鼻砦が残っている。こうした周囲の支城は、すべて土塁や櫓が城山山頂部を守るような配置となっている。各々の遺構や配置は当然ながら自然地形に制約を受けつつも、城山山頂部を中核とした求心的構造を指向しようとしていた。荻野氏段階は、こうした大規模化（肥大化？）と求心的構造が併存していた点に特徴があった。

また、黒井城跡の周囲の尾根には、平坦地《へいたん》が残り、明智方の陣城が築かれていた可能性が高い。黒井のある春日《かすが》盆地から南西方向の柏原《かいばら》、氷上方面のルート上には、朝日城跡（丹波市春日町）が残っている。黒井城に向けて長細い曲輪《くるわ》が雛壇《ひなだん》状に続く遺構があり、やはり黒井城攻めの陣城と考えられる。他にも黒井城の南側にある茶臼山《ちゃうすやま》、北東にある小富士山城なども、光秀が陣取った伝承が残っている。光秀方は兵粮攻めで黒井城を攻め立てており、より攻囲の枠を狭めていったものと思われる。荻野氏の籠る黒井城の運命は、ほぼ決したかのように見えた。

ところが、年が変わって翌天正四年（一五七六）正月、光秀に属していた波多野秀治が、

黒井城航空写真（画像提供・国土地理院サイトより）

突然裏切り、光秀方は「ことごとく敗北」という事態に陥った（『兼見卿記』）。光秀は、丹波中部の須知《しゅうち》まで逃げ帰ったと言われる（『赤井伝記』）。こうして、光秀による第一次丹波攻略は失敗に終わった。

光秀は、いったん帰京し、同年二月には、丹波に入っているため、少なくとも、桑田郡には拠点が確保されていたものと思われる。ただし、この後光秀は五月頃から病に罹《かか》っており、長期の療養をしている。その意味で、この黒井城攻めの失敗は、光秀にとって大きな心理的打撃だったに違いない。その後、同年と推定される四月十三日付、矢野弥三郎《やのやさぶろう》宛の織田信長朱印状（『兵庫県立歴史博物館所蔵文書』）がある。信長は、荻野直正と彼が支える赤井五郎《ごろう》（忠家《ただいえ》）が詫言《わびごと》を伝えてきたため、これを赦免《しゃめん》したと述べている。光秀も、これに倣《なら》った文書を出している。

信長、光秀にしても、荻野＝赤井氏と、裏切った波多野氏を並行して戦うのは得策ではないと判断したものと思われる。一方の直正にしても明智方を黒井城下で蹴散らしたものの、織田方との全面対決はなるべく避けた方がよく、勢力をできるだけ温存しておきたかった。彼は東は甲斐《かい》の武田勝頼《たけだかつより》、西は毛利《もうり》傘下の吉川元春らとの連携を模索していた。天正二～四年と想定される直正宛の武田勝頼書状（『赤井文書』）には、直正が「怨敵之色」を鮮明にして信長と戦っていると賞している。また、天正四～五年には石川弥七郎繁《いしかわやしちろうしげる》という武将が、直正らとともに「信長遺恨」を理由に毛利氏傘下の吉川氏との連携を模索していた（『吉川文書』）。当時、毛利氏は信長に追放された足利義昭を庇護《ひご》しており、「御供奉」して火急に出陣するよう求められていた。

このように直正は、光秀との全面対決を回避しつつも、東国や西国との戦国大名との連携を模索していた。彼にしても、明智との再度の対決は不可避なものと認識していたのだろう。

一方、反旗を翻した波多野秀治は、拠点である八上城《やかみ》（丹波篠山市《たんばささやま》）を中心に抵抗を続けた。彼の場合、文書が残っていないため、直正のような外交政策がまったく読み取れない。ただ、多紀《たき》郡全域に影響力を及ぼしていたことは確認できる。

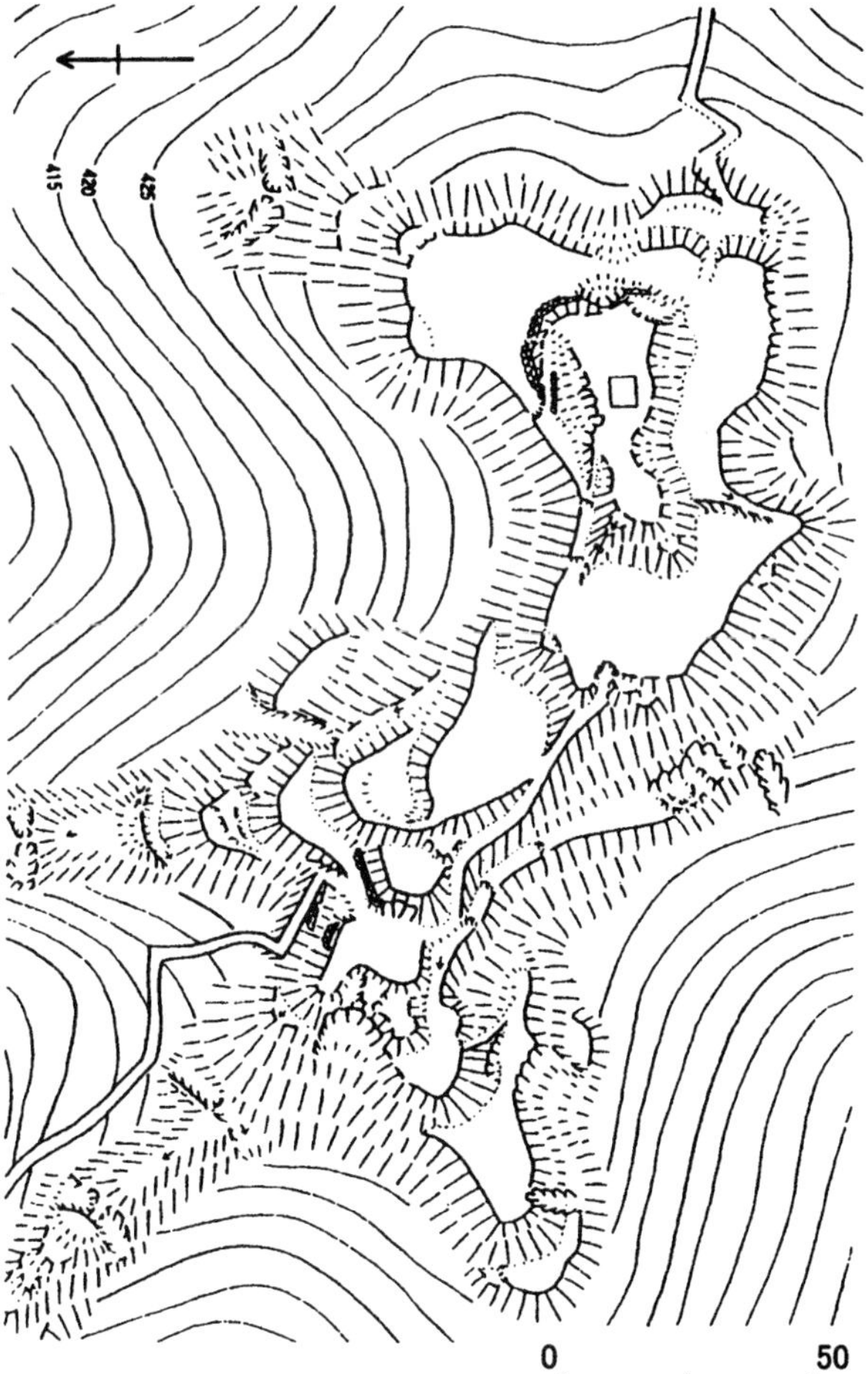

八上城縄張り図（中西祐樹調査・作図『八上城・法光寺城跡調査報告書』篠山氏教育委員会　より転載）

丹波亀山城の築造

当初、光秀は桑田郡のうち、余部《あまるべ》（亀岡市）に拠点を置いていた。この余部は京都から多紀郡方面と船井郡方面と道が分岐する地点で、交通の要衝であった。応仁文明の乱や戦国期の抗争でも余部城が軍事拠点として使われていた。場所は亀山城の北西一・二キロメートルの地点である。

光秀は、この余部城に「在城衆」を置いていた。特に注目されるのは丹波国衆から「人質」を余部に連行している点である。人質は、不自由なく生かしておくことが求められるため、ある程度快適な生活を送れる環境を維持しなければならない。その意味でも、余部城の拠点的城郭化が進められたものと思われる。

余部（丸岡）城跡は、現在市街化が進んだ段丘上に位置する。現在、浄土宗西岸寺《さいがんじ》が立地するあたりで、近世期は篠山街道と福知山街道の分岐点であった。

周辺には「古城」「古城浦」「政所」などの小字名が残っており、東西四〇〇メートルの平城であった。二〇〇〇年頃までは、段丘を遮断する南北方向の横堀（83ページ図のａ、ｂ）

余部城概要図（福島克彦作図『新修亀岡市史』資料編１）

が一部残っていたが（『新修亀岡市史』資料編一）、残念ながら最近未発掘のまま破壊されてしまった。そのため、現在城の遺構はほとんど残存していない。

ところで、光秀が余部を使ったことがわかる史料は天正三、四年頃のみで、以後は現れない。逆に次第に前面に出てくるのが「亀山」であった。亀山は、戦国期の一次史料には現れず、村名も存在しない。元来、近世亀山城下町は、矢田《やだ》村、古世《こせ》村、三宅《みやけ》村などが連続した町であった。こうした歴史的経緯を踏まえれば、光秀が新規に「亀山」と命名したものであろう。

亀山城の普請に関する史料としては、以下のものがある。

来五日より十日に至り、亀山惣堀普請申し付け候、然らば来五日、森河内番替之事、十二日まで延引たるべく之旨、彼表当番衆へも申し遣わし候、各其意を得られ、鋤・鍬・もつこ以下、御用意有り、亀山に至り御越し尤も候、恐々謹言
（天正五年）
正月晦日　　日向守
光秀（花押）
長又五

小左
森安
各々中

（『小畠文書』大東急記念文庫所蔵）

この史料は、光秀から丹波国衆と考えられる三名へ送った文書である。三名は各々略称となっているが、「長又五」＝長沢又五郎《ながさわまたごろう》、「小左」＝小畠左馬進（永明）が推定できる。残念ながら「森安」は不明である。

小畠永明は、光秀にとってもっとも信頼し得る丹波国衆の一人であった。元来小畠氏は、北野社領船井荘の雑掌《ざっしょう》（荘園の年貢の徴収などを行った荘官）を担当しつつ、同荘の中核宍人城（南丹市園部町）に拠点を置いていた。戦国期は丹波国守護細川京兆家の被官を担当しており、その軍事活動にも服していた。天正三年六月、信長が光秀に丹波攻略を命じた際、最初にこれに従った国衆でもある。以後、光秀のもとで、丹波国衆を取りまとめる役割を果たした。

長沢又五郎は、桑田郡南部の別院周辺の国衆である。本来、長沢氏は武蔵国中沢郷の出身であり、長沢とも中沢とも呼称したという（勝田一九八九）。慶長十九年（一六一四）六月に書かれた「長沢重綱　倅《せがれ》又太郎へ遺書」なる史料によれば、光秀滅亡後に丹波別院に居住した人物に長沢又五郎という人物がいたという（亀岡市教育委員会一九七八）。この「又五郎」と名乗る人物は、光秀文書に登場し、亀山城普請のほか、材木運搬なども任されている。

この史料で光秀は、二月五日～十日に「亀山惣堀普請」を命じた。ところが、その指令前において、もともと二月五日から「森河内」における「番替」を命じていた。森河内《もりかわち》（東大阪市）とは、大坂本願寺を監視するために築かれた陣所で、本願寺の東四キロメートルの地点に位置する。立地等については、後述するが、この場所は、細川藤孝とともに光秀が大坂監視のために築いた陣所であった（『信長公記』）。この場所に丹波の国衆を交替制で詰めさせていたのである。その際、この史料にあるように国衆を三人セットで回していた。

さて、急に「亀山惣堀普請」に変更したが、その際、光秀は鋤、鍬、もっこを持参して亀山に来るよう命じている。この「惣堀」の範囲は不明であるが、城域の周囲の外縁部の堀を指すのであろう。

亀山城は慶長十四年（一六〇九）に公役《こうやく》普請によって拡張されているため、残念ながら明智時代の遺構は現在残っていない。ただ亀山城の地形は特殊で、現在山陰道が通る城下町がある南側が高く、保津《ほづ》川縁の北へ進むにつれて低くなっていく地形である。このうち、主要部のある北の突端のみに東西に長い頂部が残っている。これが、まさしく亀山と名付けられた区域と考えられる。この突端の小丘陵を主要部にしたため、全体としては、北から南へと武家屋敷、城下町、足軽屋敷という順に拡張されていった。全体の段丘としては、低い区域に武家屋敷があるという構造である。残念ながら、光秀の時期の城域の規模や範囲はまったく不明である。ただし、前述した亀山と思われる丘陵部分に占地したことは確かであろう。

前述した、亀山惣堀普請に関する史料は、三人の丹波衆宛であったが、ほぼ同じ時期に出された同様の史料が残っている。

わざわざ申し候、仍って河原尻村、心柱五本、冠木一本、其外橦木以下小道具共二、六拾本ハかりこれある義《（儀）》候、然らば無心ながら、各彼材木のため、河原尻より保津川端迄、相届られ然るべく候、誠に溢天と云い、御帰陣と云い、彼是以って黙止難しの義《（儀）》候といえども、別して頼み入り候、旁図らず其地に至り罷り越すべく条、面を以っ

て申すべく候、恐々謹言
日向守
七月四日　光秀（花押）
西蔵坊
小畠左馬進殿
中沢又五郎殿
御宿所
（『小畠文書』大東急記念文庫所蔵）

この史料は大堰川左岸の河原尻村（亀岡市）に保管されてある心柱五本、冠木一本、檀木《しゅもく》、小道具共六〇本を、保津川端まで移送を命じた内容である。注目されるのは、すでに建物部材として加工されている状態で運搬を命じられている。保津川渓谷の材木移送は、よく知られているが、心柱や冠木など、建築部材となっていることを想起すれば、渓谷運搬ではなく、やはり亀山城普請に関するものではないだろうか。

この史料に登場する西蔵坊《さいぞうぼう》は、野々口《ののぐち》西蔵坊といい、丹波本梅《ほんめ》（亀岡市）にいた人物である。

光秀の陣僧としても活動している（90～91ページ参照）。小畠左馬進は、前述した永明のことである。中沢又五郎は、やはり前述した長沢又五郎と同一人物である。当時、丹波では、長沢氏と中沢氏は同一氏族と考えられている。注目されるのは、この文書には宛名のうち西蔵坊、中沢又五郎に合点が記されている点である。すなわち、西蔵坊、又五郎の両名に回覧された後、小畠永明に最後に廻され、結果として当書状は『小畠文書』として残ってきたものと考えられる。この命令は突然のことなので「（国衆たちが）黙止難しの義《（儀）》候といえども、別して頼み入り候」と、光秀が気を遣っている様子がわかる。

　さて、光秀は、基本的に丹波に在国しないまま、亀山城普請を続けていたようである。次に小畠永明に出した書状を見てみたい（『小畠文書』大東急記念文庫所蔵）。

> 其以来無音候、仍って亀山に於いて少土普請これあるべく候、御大儀ながら、自身御越候て、御馳走候て然るべく候、様体に於いては、亀山普請奉行共御相談あるべく候、廿七、八日比、彼地へ相越すべく候、其以前ニ相済まし候様ニ仰付らるべく候、一両日之逗留相済ますべく候、旁面を以って申し述べるべく候、恐々謹言
>
> 日向守

七月廿四日　　　光秀（花押）

小左馬

御宿所

（『小畠文書』大東急記念文庫所蔵）

光秀は永明に対し、亀山における「少土普請」の手伝いを命じたが、現地にいる「亀山普請奉行」と相談するよう伝えている。光秀も「彼地」（亀山）に七月二十七、二十八日に向かうとしている。この時点で光秀本人が亀山に不在で、替わりに「普請奉行」なる者たちが築城を監督していたことがわかる。

では、光秀がいた頃の亀山城はどのような役割を果たしていたのだろうか。

御状之通被見候、昨日、敵相動候といえども指儀これなくの旨、左様これあるべくと存候、我々留主をねらい候事笑敷候、若し人数等も入れるべきかと存じ、未だ諸勢亀山近辺居陣候、夜中に寄らず、以後進らせ次第相動べく候、猶西蔵坊演説あるべき候、恐々謹言

十一月十五日　　　光秀（花押）
越前守殿
彦介殿
波々伯部蔵介殿
　御返報

（『小畠文書』上越市所蔵）

これもまた、丹波国衆三名宛となる文書である。これは、天正六年（一五七八）頃と想定され、八上城攻めが本格化した時分のものである。光秀に抵抗する勢力は、光秀の留守を狙《ねら》って攻撃してきたようである。これに対して、光秀は亀山周辺に「諸勢」を配置しているため、前線で万が一のことがあれば、夜中によらず連絡すれば、軍勢を動かすとしている。つまり、丹波攻略時、遊軍を配置していたことになる。

大坂本願寺攻めの陣城

元亀元年（一五七〇）九月における志賀の陣以降、織田信長は大坂本願寺と対峙し続けた。以後、信長は一向一揆と同盟していた朝倉、浅井氏を滅ぼし、天正二年（一五七四）九月には長島一向一揆を、同三年八月には越前一向一揆を平定した。同年十月、顕如は信長と一時和睦した。しかし同四年に入ると再び、顕如は各地の門徒に対して檄文《げきぶん》を送り、信長追討を呼びかけた。

信長は、なぜ大坂本願寺攻めに拘《こだわ》ったのだろうか。『信長公記』において太田牛一は「大坂は凡《およ》そ日本一の境地なり」と記している。そして、奈良、堺、京都に比較的近く、北には京都盆地から流れる淀川、さらに生駒《いこま》山系の南側の龍田渓谷から流れる大和《やまと》川を眼下に収め、西には大阪湾を通じて中国、朝鮮、欧州とも結ばれていた。そして五畿七道集まって「売買利潤富貴の湊《みなと》」が形成されていたという。また、本願寺の場所は上町《うえまち》台地の北端に位置し、周囲の淀川、大和川、さらに摂津、河内の肥沃な水田地帯が広がっていた。これは、信長自身がたいへん大坂という立地に関心が高かったことを意味するであろう。

そこで、天正四年(一五七六)四月に再び両者が対立したところで、信長は光秀と藤孝に命じて、大坂の東四キロメートルにあたる森河内に「取出」を構築させた。また、この時大坂の南にある天王寺にも取出が築かれ、やはり光秀と佐久間甚九郎《さくまじんくろう》が担当していた(『信長公記』)。さらに西からは有岡城《ありおか》(伊丹市)の荒木村重《あらきむらしげ》が尼崎から海上を封鎖し、野田(大阪市)に「取出」を築いた。つまり、織田方は大坂本願寺の東、南、西の三方から攻め立てたことになる。こうした「取出」において長期にわたって監視が続けられた。これに詰める兵は交替制であったと考えられる。前述した丹波国衆三名宛の書状では、亀山惣堀普請とあわせて監視の兵として担当されていた。

来たる十二日、南方に至り御馬出でらるべく候由、仰出られ候之間、亀山之普請相延ばし候、然らば油断なく陣用意専用候、鉄放(砲)・楯・柵・縄・俵之儀、十日以前ニ森河内ニ相着かれるべく候、我等ハ十一日ニ彼地へ罷越べく候条、其意を得らるべく候、恐々謹言

(天正六年)
十一月三日　　光秀(花押)

佐出
　御宿所

（『尊経閣文庫所蔵文書』）

これは光秀が、洛東の国衆だった佐竹出羽守に命じた書状である。ここでは、前述の史料とは逆に「亀山之普請」を延引して、森河内に詰めるよう命じた内容である。「陣用意」として、鉄砲、楯《たて》、柵《さく》、縄、俵の準備を進め、十一月十日までに現地に到着するよう指令している。光秀も翌十一日には森河内に向かうとしている。

ここで重要なことは、前段で織田信長が「南方」へ出陣する記述している点である。十一月という季節を勘案すれば、後述するように荒木村重が信長に反旗を翻した天正六年の記事と考えられる。言うまでもなく、村重は大坂本願寺と手を結び、両者が連携する可能性が高まった。そのため、大坂を監視する森河内の戦闘準備も強まったものと考えられる。このことから、この森河内は少なくとも天正四〜六年の間に機能していたものと思われる。

森河内は、現在のＪＲ片町《かたまち》線（学園都市線）の放出《はなてん》駅のすぐ南に位置する。北の放出と南

現在の森河内　第二寝屋川（左）と長瀬川（右）の合流地点

の森河内の間は、第二寝屋川と長瀬川の合流地点となっている。言うまでもなく、現在の大和川は大阪市と堺市の中間を流れ大阪湾に注いでいるが、これは宝永元年（一七〇四）の付け替え以後の流れであり、もともと大和川は東大阪市を分流して北上し（長瀬川はその一つ）、河内の深野池《ふこうのいけ》をオーバーフローする河川（現在の第二寝屋川）と合流していた。そして、これらの中河内周辺の河川が合流する箇所が、この放出と森河内の中間地点であった（102ページ地図参照）。

これらの河川は、淀川と比較して、決して大きな河川ではなかったが、舟によって、河川や池の沿岸にある村落と結ばれていた。したがって、合流地点である放出・森河内も大坂方面と北河内を結ぶ交通の要衝であったに違いない。現在、森河内は住宅地化が進行し当時の雰囲気は味わえないが、ところどころ融通念仏宗、日蓮宗、浄土真宗の寺院が微高地に形成されている。これらの寺院がどこまで時代をさかのぼれるものであるか不明であるが、交通の要衝だった可能性は高いと思われる。

丹波攻略の再開

本格的な丹波攻略は、天正五年（一五七七）に再開された。この当時「丹波一揆静まらず」という状態であったという（『享禄《きょうろく》以来年代記』）。十月二十九日には、「丹州モミ井（籾井）之館」へ軍勢を送っている。十一月十七日付の光秀書状によれば、多紀郡の「籾井《もみい》両城」（丹波篠山市）が落とし、多紀郡内の「敵城」一一カ所を落城せしめたという。光秀は、残るは「荒木、波多野両城」のみとなり、これも幾程なく落ちるだろうと豪語している（『三宅文書』）。

同年四月には、荒木山城守の細工所《さいくしょ》城（丹波篠山市）を攻撃した。この時は光秀のみならず、丹羽長秀、滝川一益、筒井順慶ら、織田系部将たちも参陣し（『信長公記』）、総力あげての戦いとなっていた。光秀らは、荒木氏の城の「水の手」を切り、これを攻め立てたという。後に荒木山城守は光秀の部下として活躍しており、開城して、光秀の配下に入ったものと思われる。

こうした丹波における政治情勢を中国地方の毛利方も情報を得ていた。同年六月二日付の古志《こし》重信《しげのぶ》宛の吉川元春書状（『牛尾文書』）によれば「赤井・波多野・荻悪七（直信）」が話し合って、

「明智領分」へ攻勢を示していた。この段階で、天正四年に一時織田方と和睦した赤井・荻野氏は波多野氏と連携し、光秀の攻勢に抵抗する意思を示したことになる。同年三月には、光秀を敗退せしめた後、すぐに信長と和睦した策士荻野直正が病死していた（『兼見卿記』）。直正の死がかえって抵抗の度合を増したのかもしれない。

同年九月には、光秀は波多野氏の「八上之城後之山」に陣取ると伝達している（坂本箕《き》山《ざん》『明智光秀』所収文書）。八上城の「後」といえば、基本的に城の南側と考えられる。着々と、天正四年正月に裏切った波多野氏攻撃の準備を進めていた。

荒木村重の裏切りと丹波の前線

ところが、同年十月頃に再び事態が急変する。すなわち、摂津国有岡城の荒木村重が、敵対する大坂本願寺と手を結び、信長に反旗を翻したのである。村重は、もともと摂津国衆で、摂津池田の池田氏の配下であった。その後、三好氏に服属した後、元亀二年（一五七一）八月には高槻《たかつき》の和田惟政《これまさ》と戦っている。この時点で、彼は織田信長の後ろ楯を経て、摂津国守護となっている。前述したように、村重は、信長の命によって敵対する大坂本願寺を西から攻撃することになった。ところが、その彼が、突然大坂本願寺と起請文《きしょうもん》を交わし、これと連携したのである。彼の裏切りを、当初信長は信じることができず、光秀、松井有閑、万見仙千代《まんみせんちよ》を派遣して、翻意を思い止まらせようと説得している。しかし、結果として、不調に終わり、信長は有岡城攻囲の意志を固めた。

ここで、信長は方針を替え、朝廷を動かして、大坂本願寺との和睦の道を模索し、村重攻略に集中しようとした。一方、光秀らは村重配下だった高槻城の高山右近《たかやまうこん》、茨木《いばらき》城の中川清秀《なかがわきよひで》を説得し、投降を促した。これに両者は応えたため、村重の孤立化は、いよいよ

荒木村重画像（伊丹市立博物館蔵）

決定的となった。

信長による有岡攻囲戦は、大坂本願寺攻め以上に徹底していた。十二月、織田方は有岡城の周囲の集落に「御取出」を配置した。『信長公記』によると、塚口《つかぐち》（尼崎市）、毛馬《けま》（食満・尼崎市）、倉橋（豊中市）、原田（豊中市）、刀根山《とねやま》（豊中市）、郡山《こおりやま》（茨木市）、古池田（池田市）、賀茂（川西市）、中嶋（大阪市）、一屋（不明）、大矢田（尼崎市）などに砦が築かれた。これらには塚口や刀根山にように真宗寺内町も含まれていた。

有岡城の包囲網が完成すると、光秀は佐久間信盛、筒井順慶らとともに羽柴秀吉への助勢へ向かい、荒木氏の一族が籠る三田《さんだ》城（三田市）を攻囲した。さらに、やはり長期にわたって籠城していた別所氏の三木城攻めの付城も補強された。

このように有岡城攻めは、織田軍が総力をあげて展開された。光秀は、在京しつつ作戦を指示する一方、前線に立つこともみられた。前述してきたように、光秀の丹波攻略戦は佳境に差し掛かり、天正六年九月より、いよいよ本格的な八上城攻めが始まろうとしていた矢先であった。彼は丹波下向を見送りつつも、丹波の国衆たちに指示を送り、八上城への付城の築造を粛々と進めさせた。

ここで、光秀が前線の永明に送った天正六年十一月一日付、および十一月十九日付書状

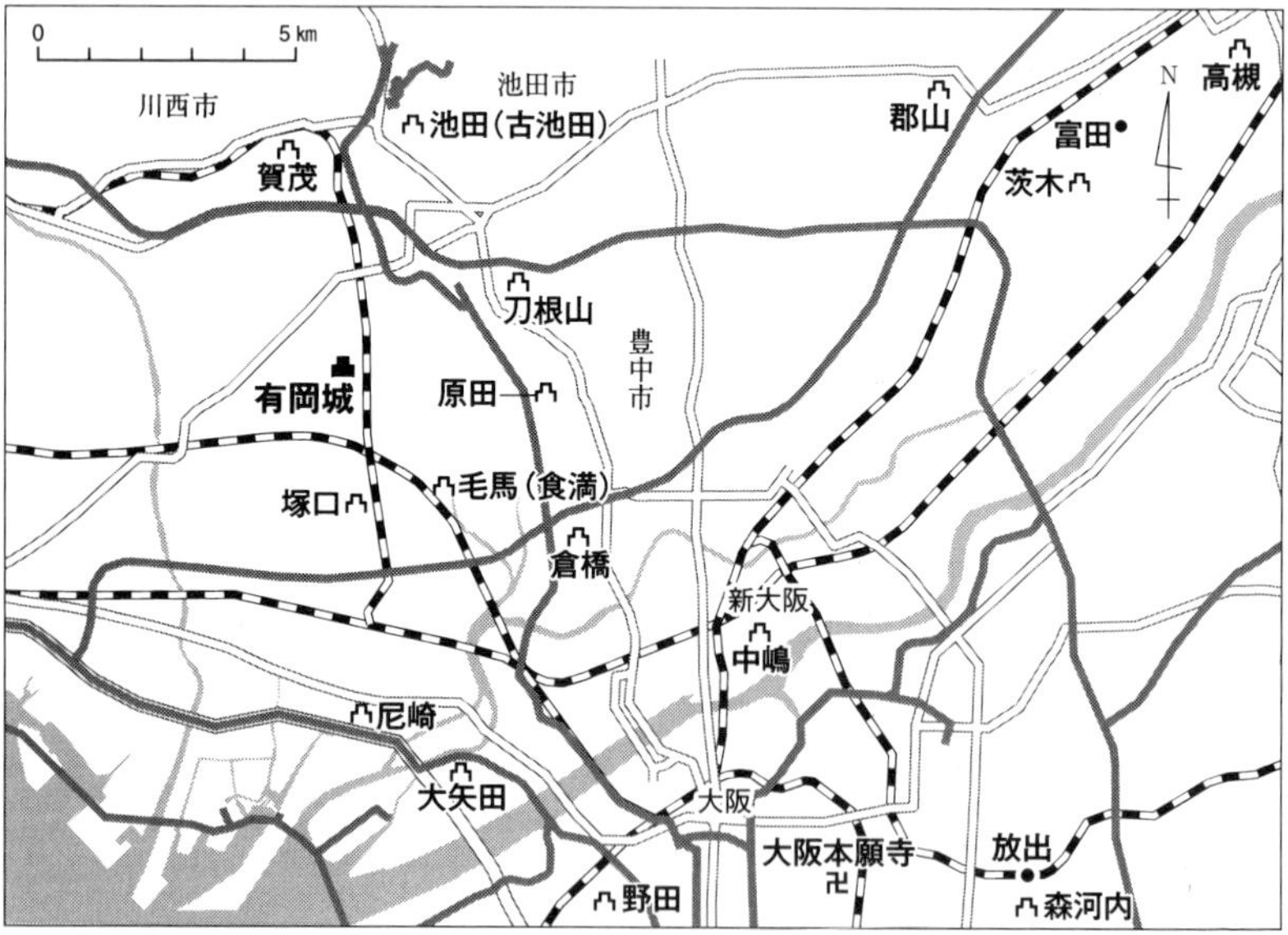
0
5 km
川西市
池田市
池田(古池田)
郡山
高槻
N
富田
賀茂
茨木
刀根山
豊中市
有岡城
原田
毛馬(食満)
塚口
倉橋
新大阪
中嶋
尼崎
大矢田
大阪
大阪本願寺
放出
野田
森河内
有岡城攻囲戦図

（『小畠文書』大東急記念文庫所蔵）によると、荒木村重との戦いの進捗《しんちょく》を述べ、事態が好転していることを懸命に伝えている。丹波と摂津は隣国であり、反信長の荒木方と波多野方の連携が憂慮されていた。一歩間違えば、織田権力の畿内制圧が瓦解《がかい》しかねない。光秀は、丹波衆に対して兵粮を送ること、そして万一摂津の荒木勢が攻めてくれば、光秀らも丹波へ助勢に向かうことを述べている。何とか、前線にいる味方の国衆の気持ちが離れないよう努力していた。しかし、こうした国衆に対する気遣いの一方で、彼らの活動を注視する側面もみられた。十一月一日付の書状の猶々書には「昨日酉刻之御状、今朝辰刻、京都に至而到来、披見候、飛脚油断なく、祝着ニ候」とあり、昨夜十八時の手紙が今朝八時に京都に着いたことを祝着だと評している。ここで、何気なく丹波・京都間における飛脚便のタイムを測っている。こうした点に抜け目ない光秀の姿勢も見ることができる。

また、十一月十五日付の光秀書状（上越市所蔵87―88ページ）によれば、光秀の敵方が反撃に出てきたことが記されている。ここで彼は「我々留主《（守）》をねらい候事笑敷候」と余裕のある書き方をしているが、これは同時に、自らが丹波における前線を留守にしている引け目にもみえる。光秀は「諸勢」を「亀山近辺」に居陣させているため、何かあれば前線へ進撃させると述べている。

八上城攻め

信長は、村重の有岡城を厳重に攻囲した。さらに前述したように荒木一族が籠る三田城も取り囲んだ。これらによって、他勢力との連携ができないよう、孤立化を図った。さらに、前述した十一月十九日付の光秀書状では、金山城《きんざん》（丹波市・丹波篠山市）を構築させ、小畠永明に視察に行かせている。金山城は、荻野・赤井氏のいる氷上郡と、波多野氏が領域とする多紀郡の境界上に位置し、両者を結ぶ峠道が続いていた。峠を塞《ふさ》ぐ城を築くことで、荻野・赤井氏と波多野氏の分断を図ったものと思われる。

このように、信長、そして光秀は、敵の城や領域を分断していく政策を進めていった。

そして、天正六年十二月、光秀は、ようやく丹波へ下向し、八上城の攻囲の前線に立った。ここで、いよいよ本格的な八上城攻囲を進めた。『信長公記』には「四方三里がまはりを維任《（光秀）》一身の手勢を以て取巻き、堀をほり塀・柵幾重も付けさせ、透間もなく塀際に諸卒町屋作りに小屋を懸けさせ」たという。そして「廻番を丈夫に、警固を申付けられ」「誠に獣の通ひもな」い厳重な攻囲線を形成した。

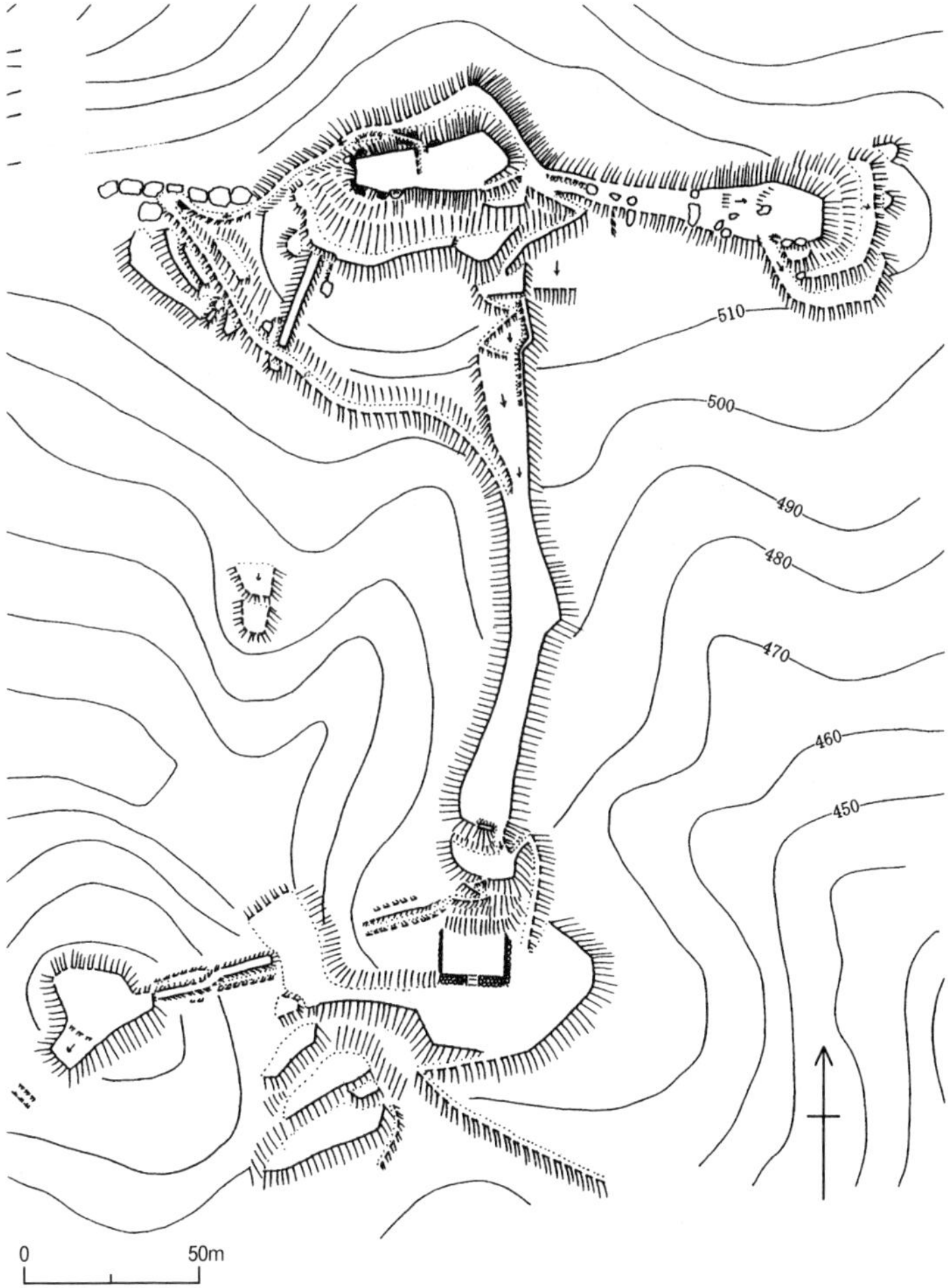

金山城概要図（福島克彦調査・作図）

八上城は、標高四六〇メートルの高城山の山頂に位置する。黒井城、八木城と並ぶ丹波の三大山城と言われ、山の至るところに曲輪や防御施設が残っている。また、波多野氏時代には、西の奥谷に武家屋敷や波多野氏関係の寺院が点在していたと言われている(八上城研究会二〇〇〇)。残念ながら、山頂部分は黒井城と同じく、石垣が残り、織豊期以降に改修、拡張された形跡がある。ただし、主要部の東側の二本の尾根線を見ると、堀切や土塁が残存している。このなかには、二つの堀切、井戸曲輪の切岸を直線状に防御線を整理して、尾根上の曲輪が井戸曲輪と一体化を図ろうとする姿勢が見える。こうした部分は、波多野氏段階の到達点として評価できるであろう。

前述したように、明智軍は、八上城を取り囲む際、多数の付城を築いた。光秀自身も、八上城の「後の山」に入ることを標榜《ひょうぼう》していた。しかし、現在確認されている八上城周辺の陣城遺構は、織豊系技術をともなう城跡は見られない。一般に、特定の城攻めにかかる陣城遺構としては、羽柴秀吉による三木城攻めの陣城遺構が知られている。これらは、規格性のある輪郭、あるいは虎口や櫓台などの織豊系の技巧性が看取できる。これに対して、八上城攻めが想定されている陣城群は、平坦地が残るのみで、そうした技巧性が看取できない。篠山川を挟んだ八上城の北一・五キロメートルに「勝山」(「牢山」)と呼ばれる区域があり、明智方の陣城と伝承されている（『丹波志』）。ただし、一部城の遺構も残っているものの、ゴルフ場建設等で現況が大きく変化しており、織豊系の技術を導入したとは言い難い。

また、八上城の北東二・二キロメートルには、三方に突出部を持つ大上西ノ山城跡《おおがみにしのやま》（丹波篠山市）があり、陣城的要素も残しているが、織豊権力が否定していった畝《うね》状空堀群が発達した状態で残存している。そのため、光秀の時代の遺構とは言い切れない。八上城の攻防戦は、光秀の戦い以前も、何度も行われており、そうした広い年代幅での考察も必要となるだろう。

光秀による圧倒的な攻囲線によって、波多野氏は守勢を強いられた。焦った波多野方は、積極的に城外へ出て、反撃へ転じた。翌七年（一五七九）正月、波多野方は明智方の陣城へ夜襲をかけ、光秀のもとで忠実に働いていた永明は戦死を遂げた模様である（『泉正寺文書』）。この直後、光秀は次のような案文を作成している。

案文

越前討死、忠節無比類候、然而、伊勢千代丸幼少之条、十三歳迄、森村左衛門尉に名

代中付、然るべく之由、各訴訟之旨に任せ、承諾せしめ畢んぬ、幼年に至っては、家督之事、相違なく伊勢千代丸進退たるべく候、後証として一族中誓紙并森村誓紙をもって、始末定め置き候、其意を得られ、相替らず馳走専用候、仍って件の如し

天正七年　　　　日向守

二月六日　　　　光秀判

明智伊勢千代丸殿

小畠一族中

（『小畠文書』東京大学史料編纂所影写本）

光秀は、やはり越前守永明の討死を「忠節無比類」と賞した上で、彼の幼少の嫡男伊勢《いせ》千代丸《ちよまる》を十三歳まで、船井荘の近隣に住む森村左衛門尉《もりむらさえもんのじょう》に「名代《みょうだい》」を申し付け、後の家督継承を保証しようとした。史料では、森村と小畠一族中の誓詞を交わさせ、これを光秀が判物《はんもつ》（上位の立場にある者が花押を付して発給した文書）を出して保証した内容である。重要なことは伊勢千代丸にも「明智」の名字が冠されている点である。すでに『泉正寺文書』の光秀書状にも「明越」という記述が見られるが、これは明智越前守の略称であると考え

られる。つまり永明、伊勢千代丸と、二代にわたって明智の名字を名乗っていたことになる。

光秀は、明智方の国衆に対して、討死という不測の事態に対し、幼年の嫡男に家督を保証する態度で臨んでいた。名字付与についても、光秀の側近や近親者に与えた場合と相違して、天正三年六月から新たに服属した与力に付与している。独立性が高く、強固な主従関係を結んでいない国衆に対して、名字を付与した事実は、後の秀吉の羽柴名字、豊臣姓、徳川家康の松平名字ともつながる側面を持つ。また、ここでは上級権力たる信長の権限は文面にはみえず、光秀の判物で記されている。光秀の側で、こうした権限が行使されていたことになる。

八上城陥落

さて、天正七年二月以降、八上城に立てこもる波多野氏は、特に目立った活動は見られない。そして、同年四月に入ると、波多野方の変化が見られるようになる。

卯月《うづき》（旧暦四月）四日付の光秀書状（『下条文書』大阪青山歴史文学博物館所蔵）によれば、八上城から「助命・退城」を求めて「色を替え、様を替え」懇望してくる様子が記されている。光秀の徹底した兵粮攻めで、当時の八上城の籠城衆は四〇〇〜五〇〇名が餓死し、城外に出てきた者の顔は青く腫《は》れた様子であったと評している。その上で光秀は一人も漏らさず討ち取るように厳命し、「逆要害・塀・柵・乱杭・逆茂木《さかもぎ》」といった防御施設を張り巡らせるよう伝達していた。いよいよ八上城の落城が迫りつつあった。

ところで、前述の永明の戦死によって、小畠氏は船井荘の本貫地宍人を管理していた惣《そう》領家《りょうけ》の小畠常好《つねよし》が替わりに在陣するようになっていた。彼は、永明の兄である。

城中調略之子細候間、何時に寄らず、本丸焼崩れるの儀之あるべく候、さ候とて請け取り候備を破り、城へ取付候事、一切停止たるべく候、人々請取之所相支え、手前へ落来候者ハかり首これを捕べく候、自余之手前へ落候わば、脇より取り合わせ討ち捕り候事有間敷候、縦え城中焼崩候共、三日之中ハ、請取候之陣取を踊べく候、其内ニ敵落候わば、捨て遣わしめ討ち殺すべく候、さ候ハすハ、人数かた付候、味方中之透間と見合わせ、波多野兄弟・足之軽者共五十・三十ニて切り勝り候儀、これあるべく候（略）猶以って、城落居候とて彼山へ上り、さしてなき乱妨ニ下々相懸け候わば、敵討洩らすべく候間、兼々乱妨曲事たるべく之由、堅く申し触れらるべく候、万違背之輩においては、仁不肖に寄らず、討ち捨てなすべく候（中略）

（天正七年）

五月六日　　光秀（花押）

彦介殿

田中□助殿

小畠助大夫殿

（『小畠文書』大阪青山歴史文学博物館所蔵）

これは「彦介殿・田中□助殿・小畠助大夫殿」の五月六日付、光秀書状である。宛名のうち、田中□助は、丹波大村《おおむら》(南丹市)の田中氏の一族と思われる。助大夫は永明の兄だった小畠常好のことである。

前述したが、天正四年に永明が田中氏の人質を余部城へ連行したように、小畠氏にとっては近隣の国衆である。「彦介」も以前、討ち死にした永明とのセットで光秀から文書を出していた人物である。

天正六年九月から続く八上城の攻防は、いよいよ最終局面を迎えていた。光秀は「調略」によって「本丸焼崩儀これあるべく候」と、彼は八上落城を確信していた。しかし、攻囲軍たる前線の兵の実態を見て、別の憂慮が芽生えていた。前述したように、長引く攻城戦のなかで、波多野方の城兵は、痩《や》せ衰《おとろ》えており、明智方の兵は、弱体化し気力を喪失した敵兵を容易に討ち取る絶好の機会となっていた。特に功名心にはやる兵たちは、少しでも名のある武者を討ち取り手柄を立てたい気持ちに駆られただろう。光秀もそれを見越して、自軍の受け持つ所を支え、手前に落ち来る敵のみ首を採るよう指示している。そして他の持ち場へ落ち来る敵を脇から討ち捕ることを禁止している。つまり請け持ちの場を厳守し、その場から敵を討ち捕ることに躍起になって持ち場を離れないよう念を押しているのである。とにかく、波多野一族が逃亡しないよう、攻囲の隙間《すきま》をつくらないことが彼の眼目であった。また、彼は落城に際して味方の兵が濫妨（略奪）に走り、敵を討ち漏らすことを常々心配していたのである。

この文面から察するに、光秀は敵方の落城時にあたり、味方側の濫妨による混乱と、その隙を狙った波多野方の逃亡を危惧《きぐ》している様子が知れる。光秀に忠実に従っていたといっても、丹波衆の実態は寄せ集めの兵であり、烏合《うごう》の衆であった。落城最後の局面において、彼らが制御不能になることを強く警戒していた様子が文面から現れている。

光秀は、後に天正九年（一五八一）六月、家中軍法を制定したが（『尊経閣文庫所蔵文書』《そんけいかく》『御霊《ごりょう》神社文書』）、その条文で彼は兵に対して細かく下知《げじ》（命令）を厳守させるなど、戦時の行動を規定している。これらは、織田権力における唯一の軍法であるが、光秀は前述した八上城攻めをめぐる兵の実態を見る中で構想を練った印象がある。もっとも、この軍法については、偶数条文となっていることなどから不審とする意見もあるため（堀二〇一五）、再度検討する必要があるが、改めて、これが明智「家中」としてまとめられた点は注目しておきたい。

光秀は、書面から見る限り、服属した国衆に対して低姿勢であり、彼らに対する気配りや気遣いによって、相手の心をつかもうとしていた。本来軍役に関する賦課基準がなく、軍事動員に関する法的裏付けが曖昧《あいまい》な織田権力では、こうした部将の人間的魅力や信頼感によって引きつけていくことが重要な意味を持っていた。もっとも、国衆たちを糾合しても、所詮《しょせん》は目先の手柄を求める寄せ集めの衆であった。その実態を見た時、光秀は、次の課題も実感したに違いない。「烏合の衆」を統率するため、新たな法的な規範の必要性を求めるようになったのである。

第四章　光秀の分国支配

丹波攻略の完了

結果として、丹波八上城は四〇〇人余が討死した。光秀は波多野秀治と兄弟二人は調略によって生け捕りにし、亀山城まで連行した。さらに三人は縄で絞られた上で、馬に載せられ、洛中の引き回しを受けた。そして、坂本を経由して安土へ下向させられ、八日に安土城下町の南西端にあたる「慈恩寺町末」で磔《はりつけ》になった（『兼見卿記』『信長公記』）。波多野兄弟三名は、磔にあたり観念したらしく神妙であったという。

波多野秀治は、天正四年（一五七六）正月の黒井城下における裏切りの後、徹底して、信長、光秀に抵抗していた。畿内、近国の有力国衆のなかには、もともと信長に服属しながらも、結果的にこれに反旗を翻す事例が見られるが、その走りとなった存在であった。ただし、荒木村重の反乱など、追い風もあったものの、結果的には守勢を打開できず、滅亡することになった。光秀の働きにより、天正六年（一五七八）以降の反信長戦線の一角は崩壊し、九月には荒木村重が有岡城から離脱し、城内の婦女子は磔にされた。三木城の別所長治《べっしょながはる》も攻め手の羽柴秀吉の説得に応じて開城し、やはり切腹した。

村重は、かねてから「波多野兄弟張付《はりつけ》にかゝり候ごとく、やみやみとは有間敷候」と城内で強弁していた。天正八年（一五八〇）正月、三木城攻めの秀吉は、与力の別所孫《まご》右《え》衛門《もん》を遣わし「摂州の荒木、丹州の波多野果て候ごとくに候ては、末世の嘲弄《ちょうろう》惜敷候」と説得させて、長治の開城同意を引き出した（『信長公記』）。八上城主波多野秀治の最期は、村重や長治に強い心理的打撃を与えたのである。

多紀郡を制圧した光秀は同年七月、桑田郡宇津城（京都市右京区京北町）を落とし、さらに天田郡鬼ヶ《おにが》城（福知山市）を攻撃した。ここで光秀は「付城の要害」を構えて、軍勢を置いて監視したという（『信長公記』）。鬼ヶ城は、福知山市街の北西五キロ、標高五四〇メートル、比高四八〇メートルの山頂に位置する。山頂部分に狭い主郭と階段状の帯曲輪が残っている。主郭の東の側壁には部分的に石積みがあるが、基本的に土の城であり、周囲の頂、尾根ごとに曲輪を残している。山頂の南東には山岳寺院跡が残っており、信仰的な意味でも、注目される城跡である。

八月、光秀は天田郡の南の氷上郡へ攻め入った。ここで荻野氏の籠る黒井城（丹波市春日町）を攻撃し「外くるわ《（曲輪）》」まで攻め入り（『信長公記』）、敵の降参を引き出した。九月の光秀の書状では「鬱憤《うっぷん》を散じ候」と述べている（『雨森善《あまもりぜん》四郎《しろう》氏所蔵文書』）。天正四年正月に黒井城下で敗れたリベンジを果たしたことになる。

細川藤孝の丹後移封と光秀

ところで、丹波攻略が完了された頃、『信長公記』には光秀が「丹後へ出勢」という記述がある。さらに同年十月、光秀は「丹後・丹波両国一篇」の知行が認められている（『信長公記』）。

この段階において、織田権力の本格的な丹後国への軍事介入があったようである。

元来、丹後国は、十五世紀より侍所頭人《さむらいどころとうにん》を担当する室町幕府四職《ししき》の一家一色《いっしき》氏が守護職を担っていた。しかし、応仁文明の乱以後、若狭守護職武田氏との敵対関係が続き、十六世紀前半には若狭武田氏が丹後国まで乱入して、一色氏を影響下に置いている。以後、一色氏は往年の勢威を失ったが、丹後国衆からの推戴《すいたい》（長としておしいただくこと）は受けつつ、永禄十一年（一五六八）九月の織田信長の上洛を迎えた。同十三年正月、義昭・信長が畿内各地の諸勢力に参洛を命じた際、丹後国守護職一色左京大夫《さきょうのだいぶ》と「丹後国衆」も下知を受けている。また、天正三年（一五七五）八月の越前攻めの際は、丹後から「一色殿・矢野・大嶋・桜井」氏が数百艘《そう》を準備して活躍した（『信長公記』）。これらを受けて、信長は一色氏を丹後国に封じている。

さて、こうした状況下、西岡（向日市《むこう》・長岡京市《ながおかきょう》・京都市の一部）の勝龍寺城《しょうりゅうじ》を拠点としていた細川藤孝は、少なくとも天正三年段階には丹後国の情報を収集していた。同年と推定される織田信長の黒印状（『細川文書』）によれば、藤孝が丹後と播磨の情報を収集し、信長に逐一報告していた。肥後細川氏の家史である『綿考輯録』などによれば、この後、同六年四月頃に光秀と藤孝が丹後国へ攻め入り、一色五郎の籠る弓木城《ゆみのき》（与謝野町《よさの》岩滝）を攻囲したという。ただ、天正六年時の丹後侵入については、一次史料に見られないため、現状では史実とは見なしえない。

したがって、この天正七年（一五七九）七月が、光秀・藤孝による最初の丹後国への軍事介入だったと考えられ、丹波攻略の延長で、丹後が攻められたものと考えられる。前述したように、この後光秀は丹後国も分国の一部として認められた。ただ、同年末に丹後国は、藤孝・忠興《ただおき》父子へ正式に移管されている。この段階で藤孝は、西岡の勝龍寺城を信長へ返上し、丹後国へ移ることになった。

当初、藤孝は宮津市街を見下ろす八幡山城《はちまんやま》（宮津市）に入ったという。しかし、翌天正八年八月、宮津湾に面した宮津城を築いた。この宮津築城は、海、湖は別として、坂本城と同じく水城であった。宮津は十六世紀前半に市場がある港湾であり、都市的萌芽《ほうが》が見られた場所である。元来、丹後国には丹後府中と呼ばれる国衙《こくが》から守護所へ移行した中世都市があり、天橋立《あまのはしだて》に区切られた内海、阿蘇海《あそのうみ》に接していた。これに対して、宮津は宮津湾に接しており、日本海の外海に接していた。藤孝が、こうした日本海への水運ルートを強く意識していたことがわかる。宮津築城は、藤孝から信長へ報告されたが、信長は、これを積極的に認め、丈夫に築くよう命じている。

この時、信長と藤孝の間に入ったのが、光秀であった。天正八年八月十七日付の成相寺《なりあい》を宛所として禁制では、藤孝・忠興父子とともに光秀も花押を据えていた(『成相寺文書』)。八月十三日付の信長黒印状(『細川文書』)には、丹後入国の件について「惟任かたより具《つぶさ》に申しこされ候」とあり、光秀が当初信長に詳細に報告していたことがわかる。また、宮津築城を認めた、八月二十一日付の黒印状(『細川文書』)には、「惟任かたへも朱印これを遣わし候間、相談せしめ丈夫に申し付けるべくの儀、肝要候」と述べ、宮津築城にあたっては、くれぐれも光秀と相談するよう命じている。ここでは、光秀には信長朱印状が発給されていることがわかる。

さらに翌日付と考えられる、光秀・藤孝両名宛の信長黒印状(『細川文書』)では、出仕しない丹後国衆の吉原西雲《よしはらせいうん》を「野心」があると判断して、両名が成敗したことを評価している。こうした藤孝の丹後支配への介入は、翌天正九年（一五八一）まで続き、同年と推定される八月二十三日付の信長黒印状（『細川文書』）には、敵対した丹後国衆と対決するにあたり、光秀に尋ねるように指示している。

藤孝と光秀のあいだ

前述してきたように、光秀と藤孝はともに将軍義昭の家臣から、信長の部将として華麗な転身を遂げている。特に光秀の場合、従来は藤孝の中間《ちゅうげん》であったと言われている。共通の道程を歩んだこともあり、二人は親しい間柄であったと考えられる。天正六年には、藤孝の嫡男忠興は信長の媒酌で光秀の娘玉《たま》（玉子、のちのガラシャ）を妻に迎えている。政略結婚の向きもあるが、光秀・藤孝の親密さが前提で進められたとみるべきであろう。

元亀三年（一五七二）には『古今和歌集』解釈の伝授を受けていた藤孝は、当時第一級の武家文化人であった。光秀もまた、連歌《れんが》、茶湯《ちゃとう》、和歌など相当な文化的素養を持っていた。その意味で、光秀と藤孝は織田軍団の同僚という枠組みを越えて、共通の趣味や教養が親しい関係を支えていた。二人をめぐっては、当代一の連歌師里村紹巴《さとむらじょうは》、堺の茶人津田宗及《つだそうぎゅう》などを交え、文化、教養を嗜《たしな》む武家、商人の人間関係が形成されていた。彼らは寸暇をみつけては、茶会や連歌会《え》を興行した。天正六年五月、播磨攻めに参加した光秀は紹巴への書状の中で、生田森《いくたのもり》、須磨《すま》の月見松（神戸市）、明石の人丸塚《ひとまるづか》（明石市）などの、名所、旧跡を通過したと記している。緊張みなぎる行軍中に、古典に登場する由緒地に、光秀は思いを馳せていた。書状後半には「藤孝御参会候歟、御床敷候哉」と記している（五月四日付、紹巴宛、光秀書状『竹内文平所蔵文書』）。従軍中でも、在京する紹巴らを気に掛けていた。

丹波、丹後が制圧され、落ち着きを取り戻した天正九年四月、津田宗及は、里村紹巴、山上宗二《やまのうえそうじ》らとともに、光秀の分国丹波、藤孝の丹後を訪問している。丹波亀山より「奥郡」を経て、丹後まで足を伸ばしている。四月十日には福知山城において、明智秀満による振舞として「七五三ノ膳」の饗応《きょうおう》を受けている。翌十一日には、光秀らとともに丹後へ向かった。途中、福寿院（上原福寿軒か）の振舞を受けた。この時「茶屋ヲ立テ、生鮎《なまあゆ》、生鯉《なまごい》、鮒《ふな》、せんすひ《（泉水）》を俄《にわか》用意にて、魚共をはなされ候、是モ七五三、色々様々ニ振舞」と記している（『宗及他会記』）。これは、大江（福知山市大江町）周辺における振舞と思われるが、宗及の丹後下向にあわせて、種々のもてなしを工夫している様子が理解できる。茶屋や俄作りの泉水などの普請など、手の込んだもてなしがうかがえる。

四月十二日には、丹後に到着し、細川忠興の振舞を受けた。ここで光秀父子三人、細川藤孝父子三人、里村紹巴、宗及、宗二らの参加がみえる。さらに天橋立の南にあたる久世《くせの》戸《と》を「かざり船」で見物し、文殊堂で茶会や連歌会を催している。

こうした交友関係を見ていくと、光秀と藤孝は、きわめて深い人間関係で結ばれていた。しかし、一方で、彼らは織田信長の軍団の長でもある。前述してきたように、本来光秀は藤孝の「中間」と言われ、その配下にあった。しかし、丹後の史料で見てきたように、藤孝と信長の間に光秀が入る関係となっており、信長は常に藤孝に対し、光秀と相談するようにと命じている。いつしか地位は逆転し、光秀が藤孝の丹後経営を常に監督する立場となっていた。

こうした傾向は、すでに天正五年（一五七七）十月の大和における松永久秀討伐の頃から見られた。大和片岡城《かたおか》（奈良県三郷町《さんごう》）を攻めていた藤孝は「明智衆」の一軍として動員されていた（『多聞院日記』）。天正六年三月光秀の丹波攻めをアシストするため、藤孝は軍道の整備を担当していた（『細川文書』）。光秀の藤孝に対する上級支配権は、すでに早い段階から進行していた。

丹後支配については、さらにその傾向の度合は増してくる。天正九年九月四日、信長は藤孝に対して、一色五郎の知行分は光秀に預け置き、充分に相談して事を進めるよう命じている。一色五郎は、前述した丹後守護職の系統を継ぎ、丹後の在地勢力としては一つ抜きん出た勢力であった。藤孝は、自らの娘を五郎に嫁がせており、関係を深めていたが、こうした関係についても光秀が監督者としての立場が見え隠れしている。脚色の濃い史料であるが『一色軍記』『丹州三家物語』には、光秀が丹後国内を分割・調整したうえで、藤孝と一色五郎の知行地を決定し、藤孝・五郎の「両旗」体制で統治させようとしたという。

さらに注目されるのは、光秀による藤孝の家臣に対する介入である。天正八〜九年と推定される十二月二十四日付の光秀書状(『大阪城天守閣所蔵文書』)には藤孝の家臣たる有吉平吉《ありよしへいきち》の「身上事」について記している。これによれば、若狭国高浜(福井県高浜町)に在住する国衆岡本主馬助《おかもとしゅめのすけ》他三名に、平吉が若輩ながらも「御用にも相立てられるるの由、承り及び候」と述べ、もし「別儀」があれば、再び藤孝のもとへ帰参させると記している。有吉氏は細川藤孝の重臣であるが、その一族の平吉が一時藤孝のもとを離脱して、若狭岡本氏のもとで仕官していることがわかる。そして、それを斡旋《あっせん》したのが光秀であった。さまざまな事情があった可能性があるが、藤孝の部将にあたる家の仕官斡旋まで光秀が関わっていたとすれば、細川家中に対する介入に近かったものと言っていい。

文化人としての光秀と藤孝は、おそらく同等の人間関係であっただろう。しかし、分国支配や家中内部の問題まで立ち入ると、両者は厳然とした上下関係があらわれたのである。

畿内制圧と大和指出

今まで、大坂本願寺は反信長戦線の中核として、常に織田権力と対峙していた。しかし、有岡落城や毛利方の退勢が決定的になると、次第に和睦の道も模索されるようになった。天正八年三月、ついに本願寺は大坂退去、紀州雑賀《さいか》への移転の道を選択し、信長との和睦に応じた。この時点で、織田権力は、紀伊の一部を除き、ほぼ近畿地方を制圧したことになる。光秀も翌四月六日には山城国賀茂荘（木津川市）の国衆たちに対して請米・夫役《ぶやく》を催促しており（『南行雑録《なんこう》』）、畿内および近国の運営について対応しようとしていた。この大坂本願寺退去後の戦後処理が実施され、拠点的城郭の補強・拡張と不必要な城の破却が進められた。前述した八月二十三日付の藤孝に宮津築城を認めた信長書状でも、文書後段で畿内における城わりの進展を伝えていた。織田権力のもとで重要な城には補強を施し、不必要な城は取り壊す方針が進められていた。

もうひとつ、織田権力の畿内経営にとって大きな変化が見られた。それは信長の宿老佐《さ》久間信盛《くまのぶもり》の追放処分である。八月十二日、宇治から大坂へ下った信長は信盛に対して「御《ご》折檻《せっかん》」の条をもって譴責《けんせき》した(『信長公記』)。

佐久間信盛は尾張出身の信長の部将で、一時期は七カ国にわかる分散的な知行地を持ち、家臣団を配下におさめていた。原田《はらだ》(塙)直政の戦死の後、天王寺に在番となり、大坂本願寺攻めを指揮していた。本願寺の大坂退城は八月二日まで延びていたが、前述の信長の譴責状はその直後のことである。信盛は、特に大坂本願寺攻めの怠慢を信長に詰《なじ》られ、高野山へ追放となった。

この信盛追放によって、畿内・近国の経営は光秀に番が回ってくることになる。たとえば、同年九月二五日には、滝川一益とともに大和へ「御上使」として派遣され、興福《こうふく》寺など、大和の寺社、国衆に対して指出《さしだし》目録の提出を命じた。当時信長は一国単位で田畑の生産高、領有関係などを石高表示で把握しようとしていた。この時、光秀は、信長の朱印状によって命令が出たことを伝え、起請文型式で指出を提出するよう命じ、具体的な書式も提示していた(『多聞院日記』)。後段に「安土、上聞《じょうぶん》に達せらるべく」と記されるように、信長の評価を強く意識させていた。

さて、興福寺東北院に出した九月二十六日付、光秀書状(『永井円次郎《ながいえんじろう》氏文書』)によれば、指出提出にあたり「老者并知行方存知衆」の出頭を命じていた。在地における実務担当者を呼び寄せ、田畑の厳密な掌握をしようとした様子がわかる。また、指出における公事《くじ》（臨時で課された雑税）の内容は「御菜用途」「御風呂銭」「御服薬銭」「鳥餅《とりもち》公事」など、多岐にわたっているが、これらも米に換算して表示された。こうした指出は「厳重之急」をもって実施されたが、その理由も光秀と一益が明確に述べている。すなわち、九月二十六日付の大和国衆白土市助《しらつちいちすけ》宛の光秀・一益連署状（『仲文書』）によれば、大和指出により「軍役等之事、申し付けるべく之旨上意候」と、指出が軍役の賦課基準を取り決めるためであることと、それが信長による指令であることが述べられている。指出帳面は、軍役の賦課台帳としても機能したと考えられる。

当時、大和では指出の前後に、国衆の城の破却と、一部国衆を粛清したことが知られている（松尾一九八三）。こうした一国指出と破城によって、織田権力の後援を受けていた筒井順慶は郡山城を拠点に、大和一国をまとめていく。天正九年二月二十日、信長は京都で馬揃《うまぞろ》えを実施したが、光秀は三番手として上山城・大和衆を率いて行進した（『信長公記』）。同十年二月の甲信攻めの際、順慶は光秀の「一手ノ衆」として出陣していた（『多聞院日記』）。こうした点から、大和の筒井順慶は、光秀の軍事統率権に服属したことがわかる。

このように光秀は丹後の細川藤孝、大和の筒井順慶を服属させ、織田軍団のなかでも有数な軍事指揮権を持つに至った。

軍法の整備

天正九年六月二日、光秀は「家中軍法」を制定した。これは現在『御霊神社文書』および『尊経閣文庫所蔵文書』に残存している。当史料については、条文が十八条という偶数であること、さらに近世的な記述内容から疑問も提起されている（堀二〇一五）。ただ、一方で、前述してきたように天正八～九年頃の指出時期と軍役の相関が考えられること、前述した八上城攻めの前線における兵の実態を光秀が憂慮していたことから、こうした軍法の内容を無碍《むげ》に排除できないと思われる。

そもそも、織豊権力の軍隊を通覧した場合、織田権力段階の他の軍法や軍役賦課基準の史料は残っていない。一方、豊臣期以降には、こうした軍法度《はっと》が各大名家単位で整備されていく。天正十三年（一五八五）八月の「細川忠興掟書」（『松井文書』）、同十九年（一五九一）正月の「加藤清正《かとうきよまさ》条々」（『個人文書』）などがあげられる。これらは陣取や行軍中の取り決めが箇条書きで詳細に記されており、純然たる軍の規律に終始している。これに対して、光秀の軍法は、前半一～七条が軍の服務規律、後半の八～十八条が百石単位の軍役基準で

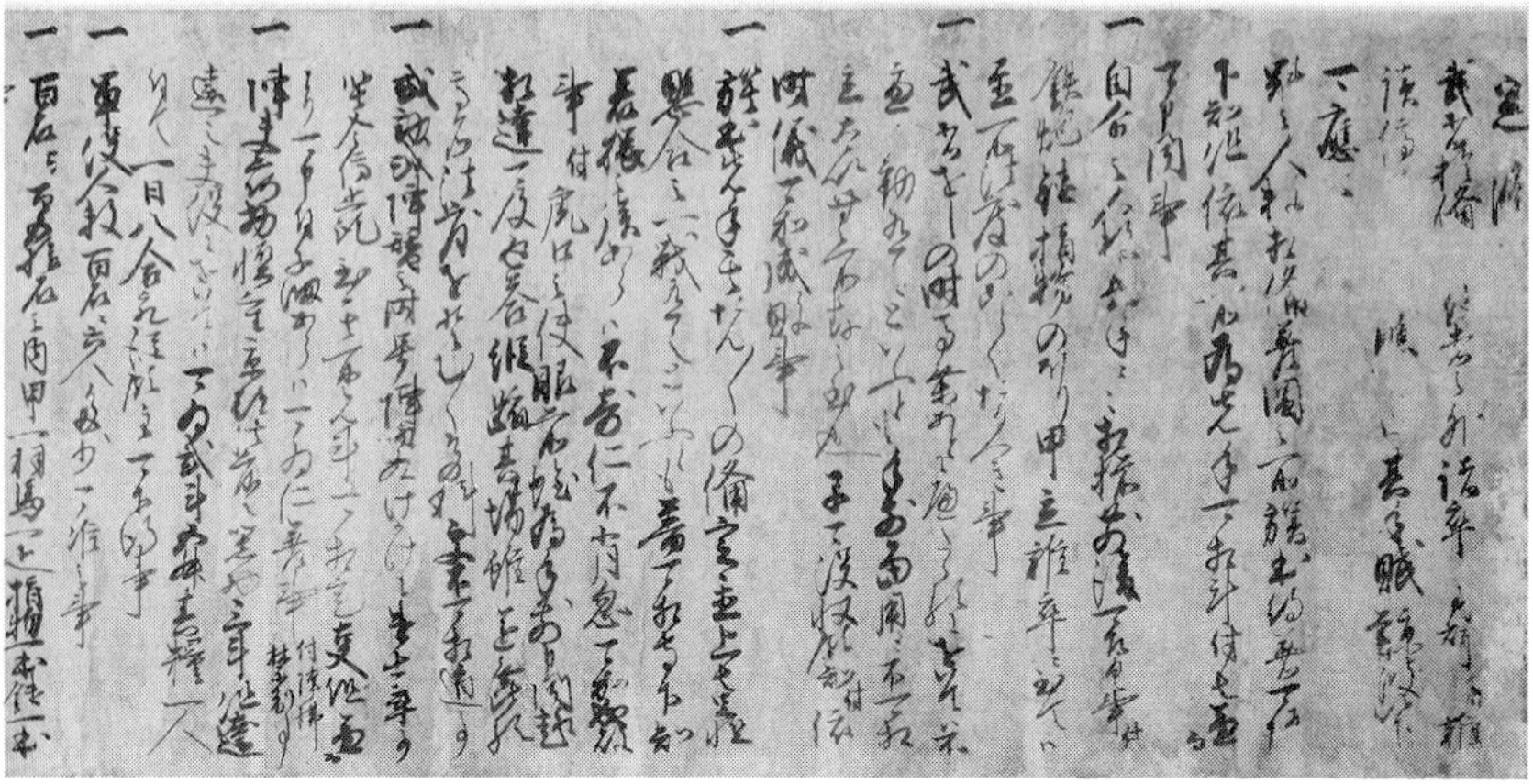

構成されている。特に後半には、石高別に兜《かぶと》、馬、指物、鉄炮などの賦課個数が定められていた。こうした軍規と軍役賦課基準が並立しているタイプは他に類例がない。光秀が軍法を制定した当時、正確な知行高把握と軍団の形成が密接に関わっていたことを示唆する。

　前述してきたように、織田権力は天正八～九年頃、畿内近国で指出検地を敢行し、給人の知行高の把握に努めていた。光秀は大和一国指出を実施した際、その目的を「軍役」のためと公言していた(『仲文書』)。また、同九年三月五日に、信長が藤孝に丹後一国検地を命じた際も、併《あわ》せて「軍役」を指示している。恒常的に続く織田軍団の戦線の維持のため、

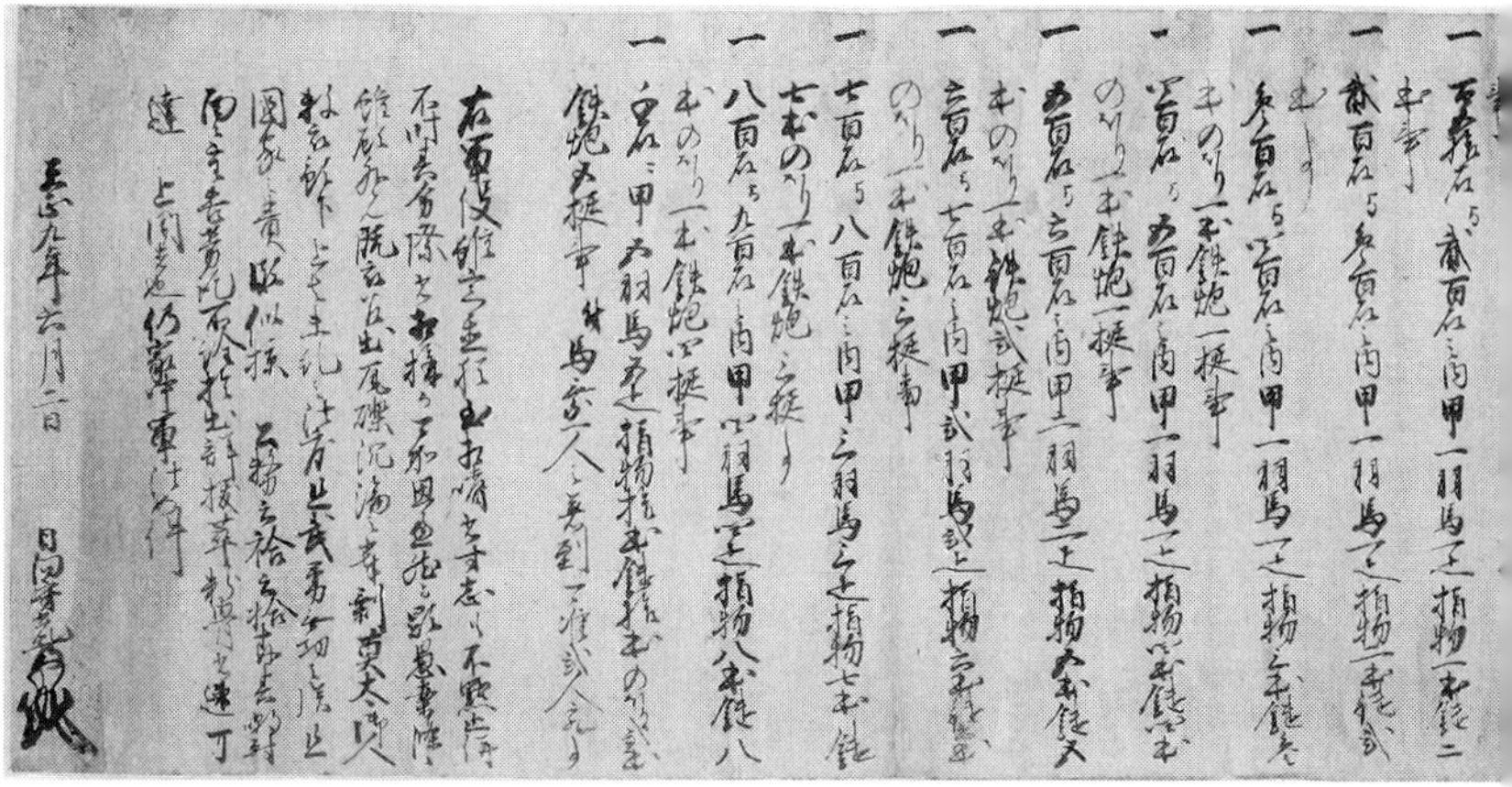

明智光秀家中軍法
（京都府福知山市・御霊神社蔵、画像提供・福知山市教育委員会）

統一的な軍役賦課基準は不可欠であった指出・検地と軍役の相関を見る上でも、光秀の軍法は稀有《けう》な史料と言える。ちなみに江戸時代後期の平戸藩主松浦静山《まつらせいざん》は「信長の時、明智日向守計ひとして、知行に応じて人数を定め、行列を極む」と記しており（『甲子夜話』）、その画期性が武家社会において伝えられていたことを示している。

さて軍法の文中には、別個に武具の置き場所などを記した「法度」の存在がうかがえる。光秀の法度の事例としては、後述する天正九年十二月四日付の「定家中法度」（『萬代《ばんだい》文書』）があげられる。これは丹波—坂本を往復する人夫の行動規定を記した内容であるが、なかには礼節に対する詳細な記述も見られる。

こうした軍に対する法度や規律は、各地の国衆たちを糾合して急速に発展してきた織田軍団にとって不可欠な存在であったと思われる。ただ、大事なことは、これらが明智「家中」で形成されてきた点である。前述の軍法、法度はともに「家中軍法」「定　家中法度」と表記されており、「家中」の上位にくる概念は「国家」「公務」であった。

天正九年正月二十三日、信長は京都馬揃えを実施する際、その準備を光秀に担当させた。この時、光秀は信長に替わり、畿内の織田系武将に対して触状を出した。国単位の組織的な指出、馬揃え、軍法制定という一連の業績は、今後の織田権力の進展を占う重要な政策であった。光秀が織田権力の中で司令塔的な存在だったことを示している。

明智分国の一体性

ここで振り返ると、信長の部将たち、たとえば柴田勝家、佐久間信盛、明智光秀、羽柴秀吉、丹羽長秀らは、元亀元〜二年頃に近江の各郡に配置された。各々の地で、拠点となる城を宛《あて》がわれ、その周辺の領域支配を続けていた（谷口克一九八七）。しかし、勝家は北陸方面の担当になると、近江蒲生郡《がもう》（東近江市《ひがしおうみ》、日野町《ひの》ほか）の支配からは外されたと考えられる。また、近江ではないが、細川藤孝も天正八年の丹後入国にあたり、西岡支配を織田方に返上させられている。その一方で、羽柴秀吉は、中国方面の担当とともに、播磨経営を任されたが、最初の分国だった長浜城（長浜市）を中心とした近江東部はそのまま維持されていた。丹羽長秀も若狭経営に携わりつつも、居城はあくまでも近江佐和山《さわやま》城（彦根市）であった。そして、光秀もまた志賀郡支配を天正七年に平定した丹波とともども維持されていた。このように秀吉や光秀、長秀などは、元亀二年（一五七一）段階から配分されていた郡単位の分国と、天正七年以降に得た一国単位の分国という、両方の領域を維持することになっていた。ここで注目したいことは、光秀の場合、京都を挟んで近江志賀郡と丹波という、きわめて至近距離の二つの領域を分国としていた点である。そのため、光秀の意識には両者を一円的に捉える認識が芽生えていた。

光秀が、志賀郡の坂本城、丹波の亀山城という二つの拠点的城郭を維持していたことは前述したとおりである。攻略戦が一段落した天正八、九年に入っても、両方の城の普請や修繕を続けられていた。この普請に、丹波衆やその支配下の百姓が徴発されていた。

『兼見卿記』天正八年閏三月十三日条によれば、「今日より惟任日向守坂本之城普請云々、丹州人数ニ罷り下る之由申し訖んぬ」とある。つまり、坂本城の普請に丹波の「人数」が派遣されている。このことは「坂上阿上三所《さんしょ》神社所蔵大般若経　巻二三一　奥書」にも記されていた。

江州《ごうしゅう》坂本において、惟任日向守殿城之石普請各家別に罷《まか》り立ち候畢《おわ》んぬ、

天正八年庚辰閏三月十九日これを書く、有賢伊勢朝熊住僧、

坂上阿上三所神社は、丹波和知《わち》（京丹波町《きょうたんばちょう》）周辺にあるが、その地域まで坂本城の「石普請」の人夫徴発が及んでいた。しかも徴発は「家別」で進められており、かなり組織的

に人夫が動員され、志賀郡坂本へ送られたものと思われる。

さらに、光秀が定めた次の法度には、そうした丹波と坂本を往復する人夫の動向が見える。前も触れた「定家中法度」である。改めて内容を見てみたい。

定家中法度

一、御宿老衆・御馬廻衆、途中に於いて挨拶之儀、見かけてより其所之一方へ、かたつき、いんきん《（慇懃）》に畏れてとをし申すべき事

一、坂本・丹波往復之輩、上は紫野より白河とをり、下はしる谷（汁谷）・大津越たるへし、京都用所にをいてハ、人をつかハし相調えすべくの事、付けたり、自身在京なくて叶わず子細等候ハ、其の理、案内に及ぶべくの事、

一、用所等申し付け、召し使う輩に於いては、洛中馬上停止の事、

一、洛中洛外、遊興見物停止之事、

一、道路に於いて他家之衆と卒爾之口論、はなはだもって曲事也、理非ニ立て入らず成敗を加えるべし、但し時に至って了見に及ばず仕合せにをいてハ、其場で一命を相果たすべく事、

右意趣は、御座所分に対し頗る程近くにより、自余に混じえず、思惟せしめ訖んぬ、万一不慮出来たらば、更に其の悔をあるべからず、所詮面々若党・下人己下、猶もって堅く申し付けるべし、もし違犯の輩に於いては、たちまち其科を行なうべし、八幡照覧、用捨すべからず者也、仍て件の如し

天正九年十二月四日　　　光秀（花押影）

（『萬代文書』）

一条目は「御宿老衆《おしゅくろう》・御馬廻衆《おうままわり》」の途中における挨拶について、各々視界に入ってから一方に寄り慇懃《いんぎん》に畏《かしこ》まり通すべきと記す。これは、いわゆる織田家の「御宿老衆」であり、羽柴秀吉や柴田勝家といった部将クラスに相当すると思われる。一方「御馬廻衆」は、信長の側近や直属の武士にあたると思われる。こうした織田家の部将にかかる身分秩序を意識した法として、きわめて珍しい。

二条目は「坂本・丹波往復之輩」が登場し、当法度の対象が明確に記されている。これは前述した丹波における坂本城普請の人夫徴発と関連するであろう。上りは紫野《むらさきの》（京都市）から白河（京都市）、下りは汁谷《しるたに》（京都市）、大津越えと具体的に派遣ルートが設定されて

いる。紫野は、京都北西部の船岡山《ふなおか》の北側の鷹峰《たかがみね》丘陵の南側に位置する。この場所は丹波東部と京都を結ぶ長坂街道の起点であった。白河は賀茂川の支流を指すが、ここではその上流の通路を指しており、北白川周辺のルート、すなわち山中越えを指すと考えられる。汁谷は京都五条周辺から山科盆地へ抜けるルートであり、そのまま東へ向かうと琵琶湖岸の大津につながっていた。今まで述べてきたように、光秀は織田権力と接して京都周辺の地理については明るかったはずである。しかも、近江国志賀郡、さらに丹波国という京都の外縁部を分国としていたため、こうした通行ルートについても日常的に関わっていたものと思われる。

この二条目では京都近辺を通る際、他者を遣わして調《ととの》わせることとし、自身が在京を止むを得ない場合は理由について「案内」に及ぶべしと記す。三条目は「用所」で申し付けた召し使う輩は「洛中」において乗馬を禁止する。四条目は、さらに空間を広げ「洛中洛外」における遊興・見物の禁止を謳《うた》い、五条目は道路における「他家之衆」との口論の禁止を記す。光秀は、後段において、今回の通行ルートが信長の「御座所分」と頗《すこぶ》る近いことを強調して、この配下の者たちに「若党《わかとう》・下人」への指令の徹底を図っている。信長の「御座所分」の周辺で、自らの部下や分国在住の者たちが問題を起こすことを戒めるとともに、こうした不測の事態を強く警戒していたことがわかる。この史料では、坂本城普請の徴発対象を「坂本・丹波往覆之輩」と記しているが、その階層は「若党・下人」と具体的に明示している。

本法度では表題に「定　家中法度」とあり、明智「家中」を強く意識していた。その一方で、信長の「御座所」周辺を強く尊重し、織田権力の「御宿老衆」「御馬廻衆」など、新しい身分秩序に対する儀礼、行動規範を強く求めていた。さらに「御宿老衆」ら「他家之衆」との口論の禁止を謳っている。前述した天正九年六月二日付の家中軍法と同じく「家中」を強く意識した内容になっており、明智「家中」と「他家」との関係を明確に区別していた。光秀は織田権力の身分や規範と、自らの「家中」の徹底を統合できるよう模索していたものと思われる。

さらに、明智分国を意識したものとして、下記の史料がある。

佐川・衣川・穴太三ヶ所之人足来ず之由、唯今奉行共かたより路次迄申し越し候、曲事之儀ニ候、明日ひる以前ニ来ず候らば、普請所くわたい(過怠)として一はい(一倍)あてへく候、其の意を得、夜中ニ成共人を遣わすべく候、志賀郡・丹州在々所々一人も残らず罷り出候処、彼三ヶ所参らず之儀是非なく次第に候、陣夫など二いて申すべく候、其も大形罷り出るほど、分別せしめ候、残る者共老若一人も残らず罷り出るべく由、早々申し遣わすべく候、恐々謹言

六月十一日　　　　光秀（花押）

大中寺

右郷中

（『真田家文書』）

年季は記されていないが、人足動員対象が志賀郡のみならず「丹州在々所々」とあるため、丹波攻略が成就した後の天正八〜九年の史料と考えられる。光秀の徴発指令に対して、佐川《さがわ》・衣川《きぬがわ》・穴太《あのう》（大津市）という志賀郡の三集落が築城人足を出さなかった。業を煮やした光秀は「明日ひる以前」に来なければ、倍にすると警告している。重要なことは、前述したように光秀が「志賀郡・丹州在々所々一人も残らず罷り出候処」と述べ、近江志賀郡、丹波と、自らの分国では残らず人足徴発に応ずることを強調している点であろう。「夜中」であっても人を遣わすべし、「老若」一人残らず罷り出るべき、と三集落に対してきわめ

て強圧的に指示している。国衆たちに対するような慎重な書きまわしは、ここでは見られない。

このように、光秀は坂本城普請における百姓の徴発において、近江志賀郡、丹波を統合的に捉えていた。そして、百姓の通行についても、そのルート設定や途中における行動様式など、詳細に規定を決定していた。

一国指出、軍役・軍法の整備、馬揃え、織田軍団における身分秩序に対する儀礼と、織田権力の重要政策を次々と進めていたことになる。

拠点的城郭の拡張と城わり

　このように、光秀は、近江や丹波攻略が終わり、平穏になった後も、拠点的城郭の坂本城や亀山城の普請を続けていた（福島二〇〇六）。また、丹波北部には、前述した福知山城（福知山市）を築き、同九年頃には明智秀満が入った。光秀は、天正八年二月十三日付で、天寧《てん》寺《ねい》（福知山市）に対して陣取、竹木伐採の禁止を命じているが、同九年十月六日には、秀満が光秀の「判形」を受け継ぐ形で、同じ禁止事項を確認していた（『天寧寺文書』）。

　なお、近年、九月一日付で、河上掃武助《かわかみかもんのすけ》宛、秀満書状（『思文閣古書資料目録』）が確認され、塩見《しおみ》入道なる人物から「木練《こねり》」（木になったまま熟した柿の類）一籠《かご》が送られてきたことを報じている。塩見氏という名字から、丹波北部の天田郡、あるいは何鹿郡の国衆であろう。秀満と丹波国衆の関係を知る上で興味深い。

　さらに注目されるのは、秀満が由良《ゆら》川流域に権限を持っていた事実である。これも、近年発見された八月二十三日付、宛名欠、秀満書状（『福知山市所蔵文書』）によれば、秀満が「ありしのとう」（有路《ありじ》の塘）を開けたので、油断なく鮭《さけ》を捕獲するよう伝えている。秀満が有路村（福知山市大江町）における堤防を開ける権限を保持していたことがわかる。丹後有路村は近世期田辺《たなべ》藩（舞鶴市《まいづる》）領で、北有路、南有路の両村に分立していた。ともに由良川沿岸であることから、鮭漁が盛んで、藩に運上金を納めていたという。こうした鮭漁が明智時代まで遡及できること、さらに堤防の開閉権限を秀満が行使しえた点は注目される。

さらに重要な点は、有路村が丹後国加佐《かさ》郡であったことである。言うまでもなく、天正七年末以降、丹後国は山城国乙訓《おとくに》郡から移封された細川藤孝の分国であった。しかし、由良川流域にあたる加佐郡ついては、明智方が権限を保持していた可能性がある。十六世紀以降、加佐郡は若狭守護武田氏の影響下に入り、丹後守護職の権限が及ばない地域となっていた。しかし、織田権力の影響下に入ると、今度は武田氏の勢力も及ばない地域となった。そのため、加佐郡は国衆矢野《やの》氏の影響下となっており、守護職を介さず、信長や光秀と直接文書を交わす関係となっていた。丹後検地の際も、矢野藤一《ふじかず》分の取り扱いは、藤孝のみならず光秀も関わっていたようである。

このように考えると、福知山城の立地は由良川と竹田《たけだ》川の合流地点というだけでなく、由良川下流の加佐郡域も見通せる重要な地点となる。福知山城は丹波の北の要とともに、丹後国や日本海岸との接点にもなる重要な城であったと考えられる。福知山という地名も、

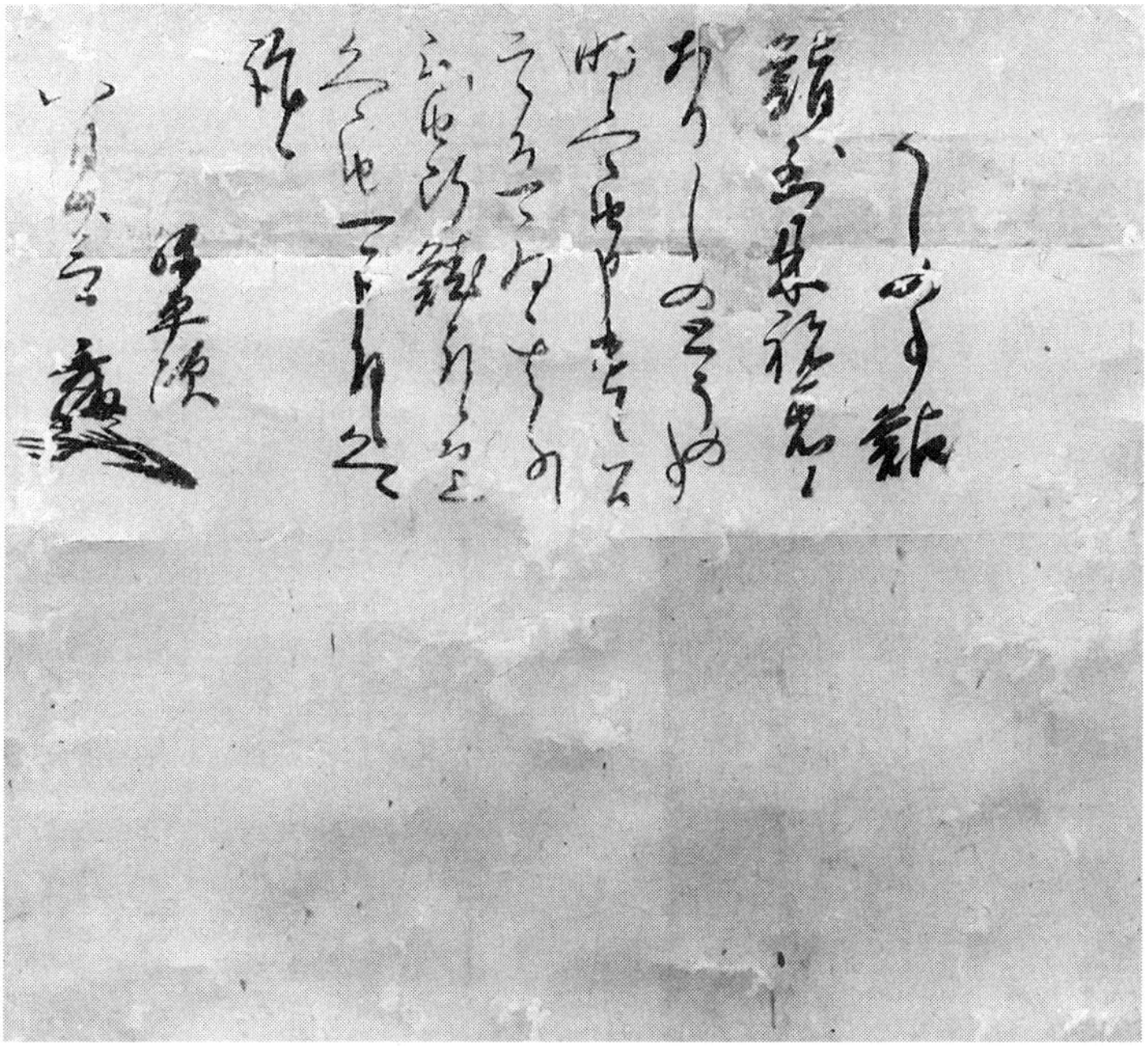

明智秀満書状（画像提供・福知山市）

亀山と同じく、信頼しうる史料の範囲では戦国期に登場しない。やはり光秀が築いた際、命名したものと考えられる。城は由良川に突き出た丘陵の突端に位置している。城は、豊臣期以降も機能し、近世城下町として存続した。そのため、城郭の平面構造は大半が近世期のものである。ところが当城の特徴は、天守台の側面に大量の転用石材が使われている事実である。言うまでもなく、近世期においても、何度も積み足しがなされているが、南西隅部分は、もっとも転用石材が露出しており、明智時代の名残を留めているといわれる。残念ながら明智時代における福知山城下町の構造は一次史料を欠くため、ほとんど何も語れないが、やはり近世城下町の位置と同じ、城山の北、由良川の西岸に立地していたと考えられる。

光秀の拠点づくりは、他にも見られた。光秀の重臣斎藤利三《さいとうとしみつ》が氷上郡黒井周辺に権限を持っていた。彼も、かつての赤井・荻野氏の拠点だった丹波黒井城に入ったものと思われる。現在、黒井城跡には、城山山頂部に高石垣と虎口空間を残しているが、これらの遺構は斎藤利三以降の織豊期の改修、拡張によるものである。城下町については、丹波亀山藩の代官所時代の絵図が残っているが、残念ながら織豊期の様相は不明である。ただ、同地区の春日盆地を通す街道が、すべて城下に収斂《しゅうれん》されており、短冊形地割の長方形街区も残ることから、斎藤および羽柴時代に都市化の方向性が見出せたと思われる。

なお、光秀は氷上郡の柏原（兵庫県丹波市柏原町）にも「加伊原《かいばら》新城」を構築していた。家臣だった佐竹出羽守《さたけでわのかみ》の「小屋」が構築されるなど、本格的な普請を続けていた（『兼見卿記』）。この遺構の場所は、現在は柏原を見下ろす八幡神社境内地と言われている。ただし、残念ながら本来城跡と考えられる明確な遺構は見られない。

一方、大堰川（保津川）の上流には、桑田郡の宇津、周山にも築城を進めた。宇津城（京都市右京区京北町）は、大堰川上流に位置し、宇津の渓谷に残る山城である。尾根の突端に位置しており、元来は国衆だった宇津氏の城であったと思われる。天正七年七月に宇津氏を追い落とした光秀は、同九年四月に一時宇津城に入り、その整備を進めている。特に城の井戸を掘るため、京都の吉田兼和に対して河原者《かわらもの》（被差別民は井戸掘りにも従事した）を派遣するよう求めている（『兼見卿記』）。宇津城跡には主郭部分に石垣が築造され、虎口も工夫が見られる。もともと在地の宇津氏の城を光秀が改修されたものと考えられる。

さらに大堰川の上流で、弓削《ゆげ》川との合流地点である周山《しゅうざん》にも大規模な山城を築いている。この周山は京都から丹波桑田郡を経て若狭へ抜けていく長坂《ながさか》街道の沿道であり、大堰川の水運との結節点であった。すぐに北東に隣接して禁裏御料地の山国荘《やまぐにのしょう》があり、これを遠望できる地点であった。天正九年八月、堺の茶人津田宗及は丹波周山へ下向している。その際、光秀と会い「十五夜之月見」を楽しむため「彼山」で「終夜遊覧」している。この時、光秀の発句《ほっく》による連歌が興行されている（『宗及他会記』）。周山城は、宇津城の北東二キロの標高四八〇メートル（比高二三〇メートル）の山頂で、比較的近い立地である。天正九年の段階で、丹波の山間部の至近距離に、光秀の城が二つ機能していたことになる。

周山城中枢部は、ほぼ総石垣の大規模山城で、石塁、虎口空間、食い違い虎口、井戸などが残存している。特に山頂の主郭の中央にはE字形の石垣が固められた人工物が見られる。他に類例がないため、この遺構的評価は難しいが、規模や位置から察して、やはり石蔵をともなう天主台であろうか。後の天正十二年（一五八四）四月にも羽柴秀吉が在城しているため、同年にも改修、拡張が加えられたものと思われる。ただ、現在残る総石垣が、すべて秀吉の時代のみとは考えられず、少なくとも光秀時代にも多少の石垣普請が進められたものと思われる。

周山城には、さらに山間部に入った地点に周山城西の城と呼ばれる土の城が見られる。この城にも虎口空間が二カ所完存しており、平面構造から察して織田、豊臣権力による構築の跡がうかがえる。なぜ、丹波の山間部において、こうした総石垣の城と土の城が並存

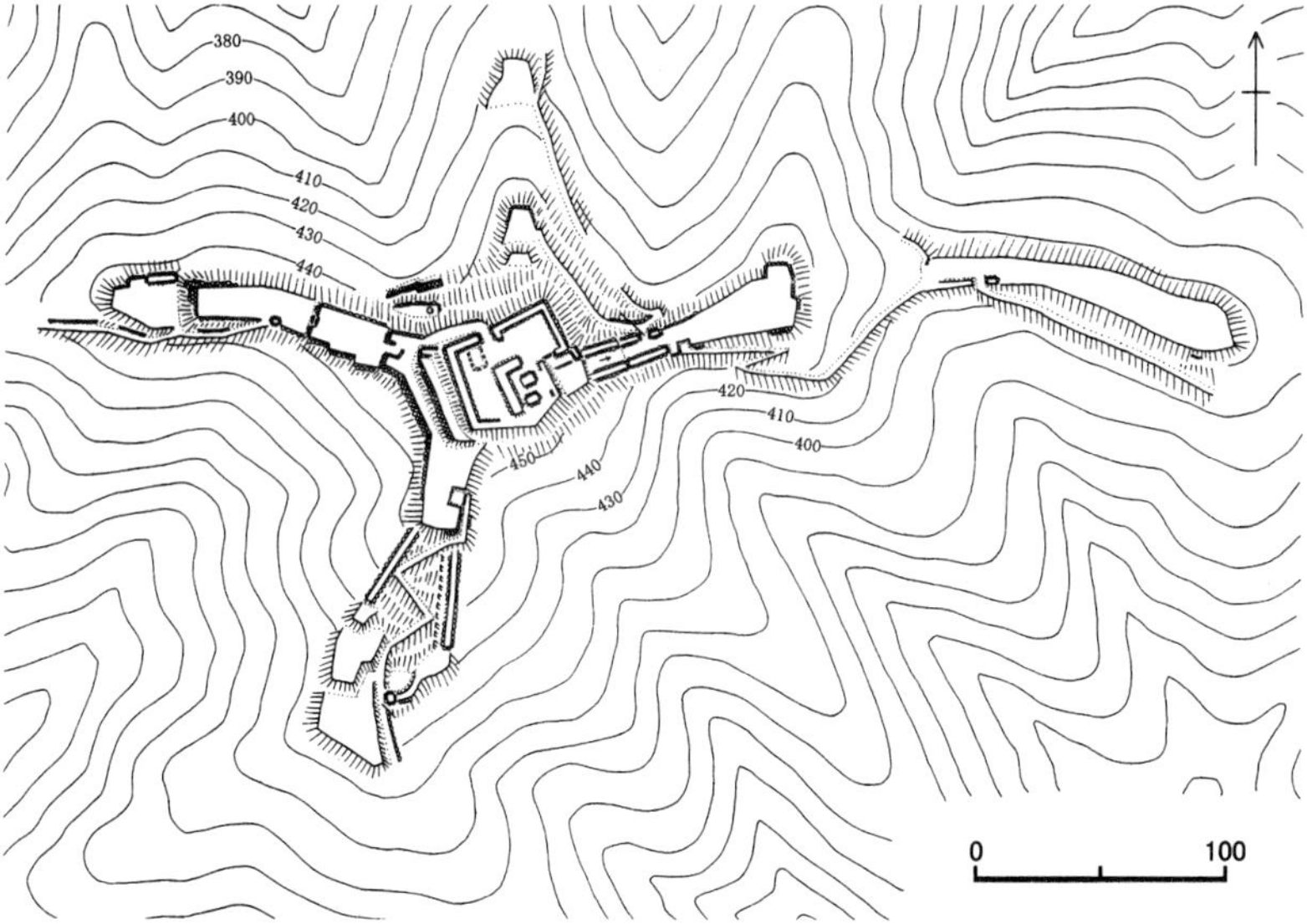

周山城概要図（福島克彦調査・作図）

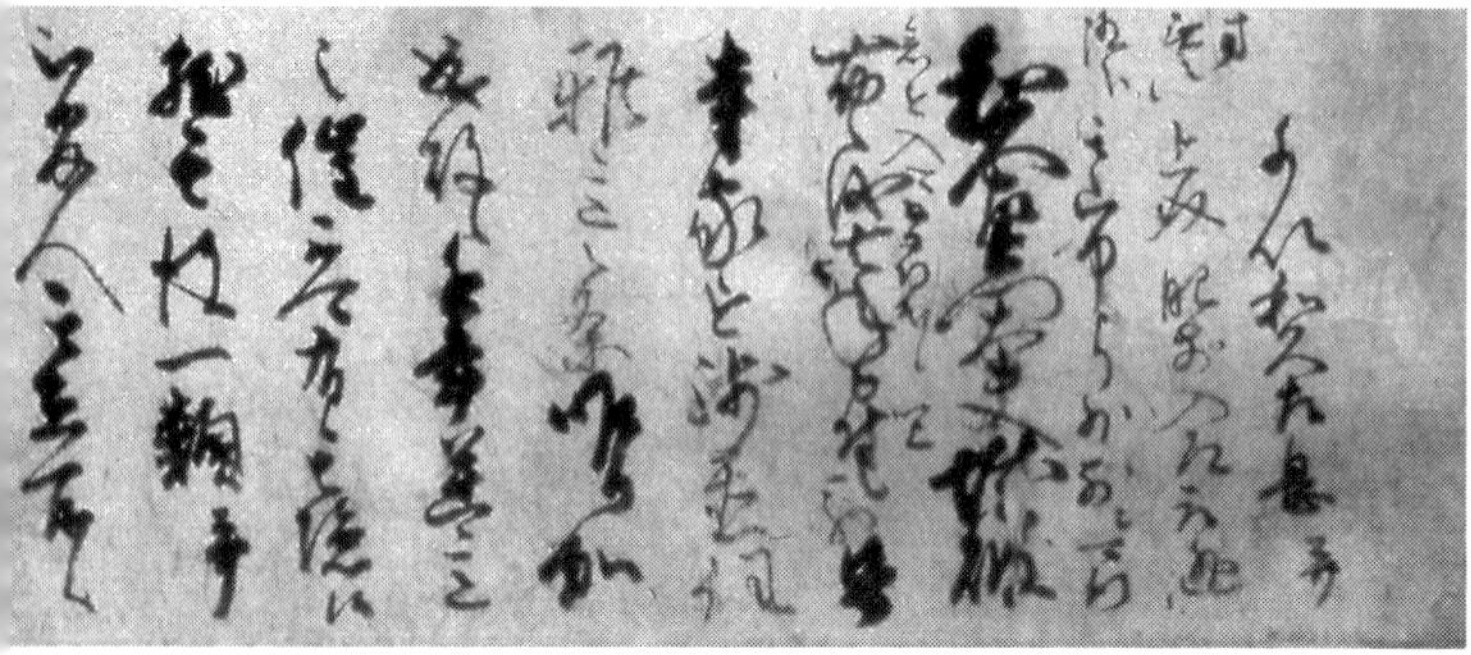

しているのか、いまだに充分な解答が得られていない。

山岳地帯に不相応な大規模普請は、後世に多くの俗説を生んだ。光秀は主君信長を古代中国の悪王、殷《いん》の紂王《ちゅうおう》に見立て、これを打倒した周《しゅう》の武王《ぶおう》に自らを準《なぞら》えたという。光秀による周山命名は、これに由来すると伝える。さらに光秀の同僚だった羽柴秀吉は「周山に夜普請をして謀反を企つと人皆云」と述べて、光秀をからかったとする逸話も残る（『老人雑話』）。言うまでもなく、これらは俗説の域を出ないが、周山城の遺構が江戸時代の俗説の題材に使われたことは興味深い。

一方、光秀は城の統合、整理も進めていた。和知に在住する片山兵内《かたやまへいない》、出野左衛門助《いでのさえもんのすけ》宛の六月二十一日付、光秀書状によれば、

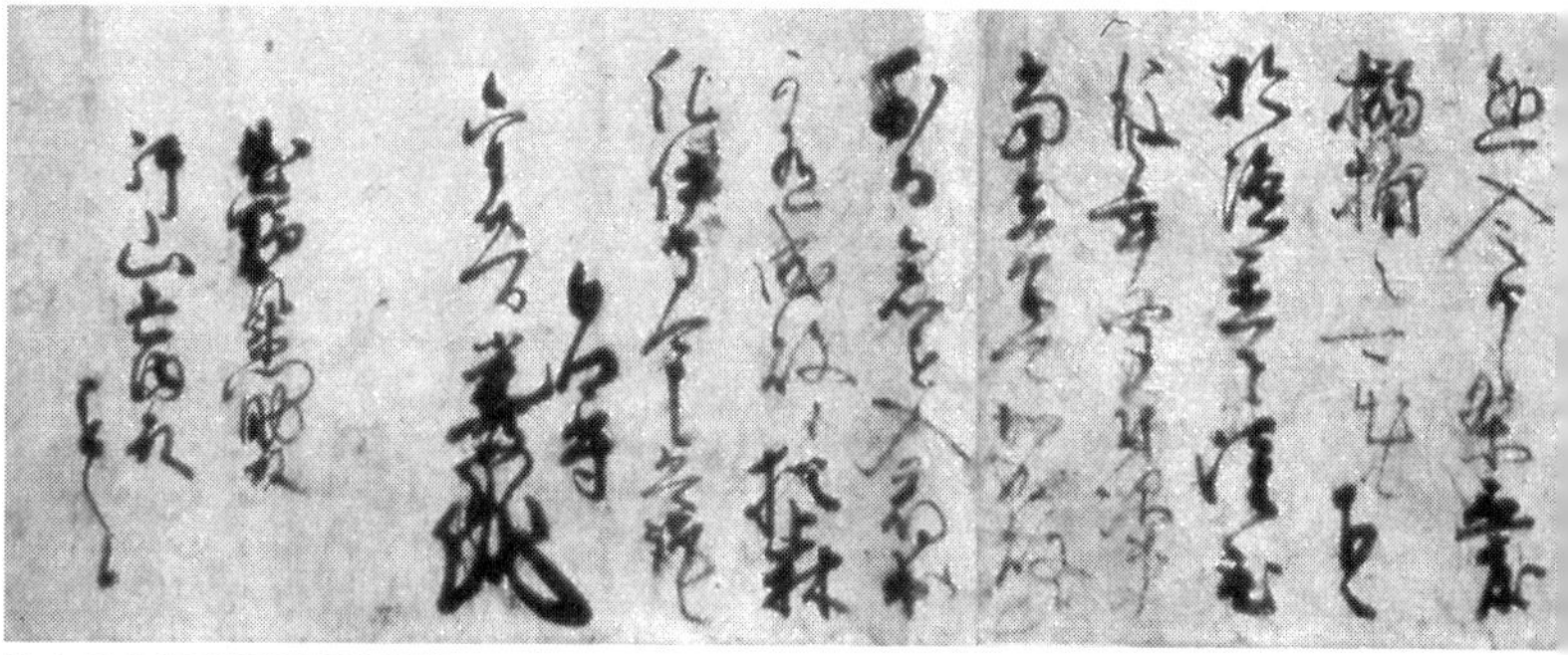

片山兵内他宛明智光秀書状
（京都府福知山市・御霊神社蔵、画像提供・福知山市教育委員会）

（前略）
和久左衛門大夫城破却之儀、去年申し付け候之処、寺家と号して、残し置き、雅意之条に任せ、昨日成敗を加え候、近年逆意の催し、其の隠れあるべからず候、それに就いて、彼一類并に被官人、其の在所へ逃げ入るの由候条、急度これを搦め捕りでるべく候、下々隠し置くにおいては、後々年に至るといえども、聞き付け次第、当在所を成敗を加えるべく候、別して念を入れ尋ね出し、成敗あるべく候、猶上林紀伊守に申すべく候、恐々謹言

日向守
六月廿一日　光秀（花押）

出野左衛門助殿
片山兵内殿
進之候

（『御霊神社文書』）

これによれば、光秀が、出野左衛門助・片山兵内に対し、和久左衛門大夫《わくさえもんのたいふ》を成敗したことを伝え、その一族および被官人を搦《から》め捕《と》るよう命じた書状である。宛名の出野左衛門助、片山兵内は、ともに和知郷（京丹波町）の国衆である。一方、和久左衛門大夫は、和知の北にある山家《やまが》（綾部市《あやべ》）に在住した国衆と考えられる。和久左衛門大夫の成敗の理由は、彼が自らの城を破却するよう命じられながら「寺家と号して残し置き」「逆意之催し」をあからさまにしたことによる。さらに一族や被官人も和知郷周辺の在所に逃げたため、探し出すよう命じたものである。

この史料は、天正八〜九年頃と推定されるが、まず確認できることは光秀が丹波の国衆に対して城の破却を命じている点である。前述したように、畿内・近国では、こうした破城が実施されつつあった。藤孝の治める丹後国でも、光秀が滅亡した天正十年（一五八二）

六月以降に実施されている。織豊権力の統一過程の際、在地勢力の拠点を押さえるため、実施された法令である。

当史料で注目されることは、在地勢力が城わりに抵抗しようとした点である。国衆は「寺家」と号して残そうとした事実は、彼らにとって城の存在が重要であったことを示す。国衆のなかには方便を使ってでも城わり（破城）を回避したかった者たちがいたのである。

第五章　本能寺の変と山崎合戦

本能寺の変前夜

天正十年（一五八二）二月、信長は甲斐武田勝頼を討伐するため、嫡男信忠《のぶただ》を出陣させた。光秀も三月に安土を出立したが「日向守殊更人数多く奇麗之由」と評されている（『兼見卿記』）。この戦いは、織田方の圧倒的優位のもとで進められ、先鋒《せんぽう》の信忠軍のみで、ほぼ武田方を制圧した。信長は富士山を観賞しつつ、東海道経由で帰途についた。この時、光秀も筒井順慶らとともに従軍していたが、信長と行動をともにしている。

五月十五日には、信長が徳川家康と穴山信君《あなやまのぶただ》（梅雪）のために、安土城において饗応した（『信長公記』、フロイス『日本史』）。この時、信長の命令で饗応役を担当したのが光秀である。光秀は「京都・堺にて珍品を調へ」盛大な接待を行おうとしたが、その内容をめぐって、信長と「密室」において言い争いになった。この時信長は「立ち上がり、怒りを込め、一度か二度、明智を足蹴《あしげ》にした」という（フロイス『日本史』）。ちょうどこの時、備中《びっちゅう》高松城（岡山市）の水攻めを行っていた羽柴秀吉から、毛利輝元《てるもと》らが出陣してきた報が入った。ここで信長は「中国の歴々討果し、九州まで一篇に仰付けらるべきの旨」を命じた。そこで光秀は饗応役を解かれ、藤孝、池田恒興《いけだつねおき》、高山右近、中川清秀らとともに先陣として中国表への出勢が命じられた。

なお、安土城における饗応は、その後も続き、安土山の惣見《そうけん》寺（摠見寺）において、幸若《こうわか》八郎九郎《はちろうくろう》大夫の舞と丹波猿楽《さるがく》の梅若《うめわか》大夫の能が演じられた。その後、家康は、信長の指示で京都・大坂・奈良・堺の見物を勧められ、五月二十一日に京都に上洛した。この時、信長の甥《おい》で、光秀の娘婿だった織田信澄《のぶずみ》と丹羽長秀が大坂における振舞が命じられている。

この頃の様子を示す史料として、下記の織田信忠の書状が残っている。

　尚々、家康は明日大坂・堺まかり下られ候、

中国表近々御馬を出されるべくの由候条、我々堺見物之儀、先ず遠慮致し候、一両日中ニ御上洛之旨候間、是に相待ち申し候、此旨早々御諚を得られ、申しこされるべく、委曲様躰使に申し含め候条、口上を申すべく候、謹言

五月廿七日　　（織田）信忠（花押）

森乱殿（森蘭丸）

（『小畠文書』）

これは、信長の側近森蘭丸《もりらんまる》宛の織田信忠最期の書状と言われているものである。信長が中国表への出陣で上洛してくるため、信忠は堺見物を「遠慮」し、これを京都で迎えるとしている。猶々書には、徳川家康が大坂、堺へ向かう旨も伝えている。まさしく、本能寺の変直前の信長、信忠の行動を示す重要な史料である。

これは丹波の『小畠文書』の東京大学影写本に収録されているが、原本は現状において確認されていない。この『小畠文書』は、前述してきたように明智名字を付与された小畠永明ら、小畠一族の史料群である。『小畠文書』には、後世に蒐集《しゅうしゅう》した史料も含まれているため、この信忠書状も後世何らかの形で手に入れた可能性がある。ただし、小畠氏が直接関係しない、この史料をどうやって手に入れたかは不明である。本能寺の変直前の信長、信忠、家康の動向を知りうる史料だけに、大いに興味をそそられる内容である。

五月二十六日、光秀は坂本城を出て、丹波亀山の「居城」に到着した。二十七日には愛宕《あたご》山へ向かい、一宿参籠《さんろう》した。愛宕山に祀《まつ》られている勝軍地蔵菩薩《しょうぐんじぞうぼさつ》に、今回の中国攻めの祈願をするものと考えられていた。この時、光秀は愛宕山「太郎坊」において、二度、三度籤《くじ》を取ったという（『信長公記』）。二十八日には西坊《にしのぼう》において連歌が興行された。有名な「ときは今あめが下知る五月《さつき》哉《かな》」の光秀の発句で始められ、西坊、里村紹巴らが続いた。光秀の子、光慶、里村紹巴の門下である昌叱《しょうしつ》、心前《しんぜん》、兼如《けんにょ》が同席した。この連歌百韻《いん》は基本的に中国攻めの戦勝祈願の披露が中心であった。

二十八日に光秀は、亀山へ帰城した。一方、信長は、五月二十九日、小姓《こしょう》衆一五〇騎というわずかな手勢で上洛し、京都本能寺へ入った。六月一日には正親町天皇・誠仁親王《さねひとしんのう》の勅使として勧修寺《かじゅうじ》晴豊《はるとよ》らが信長のもとに訪れている。さらに多くの公家も挨拶に出向いていた。本能寺の変の前夜である。

本能寺への道

亀山城を出立した明智光秀の軍勢は山陰道を通って、本能寺へ向かうことになる。愛宕山から戻った光秀は、六月一日夜、亀山において重臣の明智秀満、明智次右衛門《じえもん》、藤田伝五《ふじたでんご》、斎藤利三らに「逆心」を打ち明け「信長を討ち果たし、天下の主となる調儀」を話し合った（『信長公記』）。『当代記』によれば、光秀は彼らに起請文を書かせ、人質もとったという。そこで中国攻めに向かう本来のルート、三草《みくさ》越え（兵庫県加東《かとう》市）を取りやめ、東側へ馬首を変えた。光秀は「諸卒」に対して「老《おい》ノ山」（老ノ坂）を越え、沓掛《くつかけ》（京都市）から南下して大山崎を通り、摂津へ出征する旨を告げた。二次史料であるが『川角《かわすみ》太閤記』によれば、光秀の軍勢は一万三千だったという。

突然の光秀の反転について、何も聞かされていない軍勢も訝《いぶか》しく思ったに違いない。フロイス『日本史』では「兵士たちはかような動きがいったい何のためであるか、訝り始め、おそらく明智は信長の命に基づいて、その義弟である三河の国主《こくしゅ》（徳川家康）を殺すつもりであろうと考えた」と記している。一方、本能寺の変に従軍していた丹波の武士本《ほん》

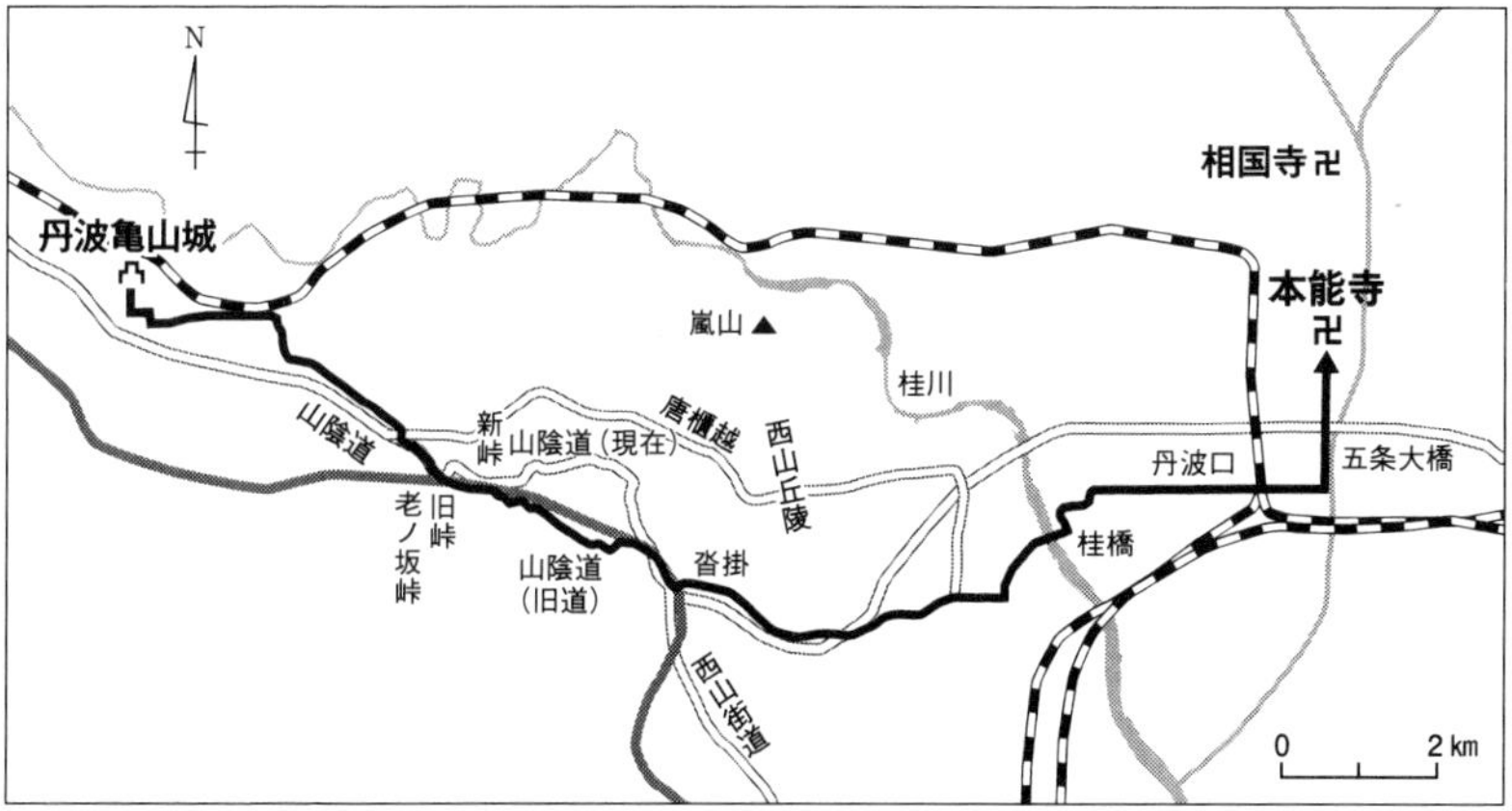
N
相国寺卍
丹波亀山城
本能寺
卍
嵐山
桂川
唐櫃越
西山丘陵
山陰道
新峠
山陰道（現在）
旧峠
老ノ坂峠
山陰道（旧道）
沓掛
西山街道
丹波口
五条大橋
桂橋
0
2 km

光秀軍進撃経路

城惣右衛門《じょうそうえもん》は「いへやす（家康）さま御じやうらく（上洛）にて候まま、いえやすさまとばかり存じ候、ほんのふ寺といふところもしり申さず候」（『本城惣右衛門覚書』）と述懐している。この二点の史料で一致するのは、本能寺の変に向かった末端の兵士のなかにも、不穏な空気を察知されていたことである。そして、軍勢の中には徳川家康を討つという噂が広がっていたことである。この家康を討つという噂が流れた要因は不明である。

山城、丹波の国境老ノ坂を越えた光秀軍は、沓掛村の分かれ道に差し掛かった。右手に行けば大山崎を経て西国街道へ、左手へ行けば京都である。光秀は、ここで最終決断し、左へ向かい、桂川《かつら》を渡り、本能寺を急襲した。

さて、近年『川角太閤記』や『明智軍記』の記述から、王子村《おうじ》（亀岡市）から山地へ入り、尾根線を通る唐櫃《からと》越えを経由した別働隊の存在を主張する意見がある（足利二〇〇〇）。唐櫃越えは山陰道の間道であり、南北朝時代の戦争では何度も使用された。ただし、唐櫃越えは高低差の激しい稜線《りょうせん》であり、夜陰に松明《たいまつ》を焚《た》いて行軍すれば、たちまち京都から目視されたであろう。信頼すべき記録にないこともあり、唐櫃越えによる本能寺への急襲については、現段階は慎重に取り扱うべきと考える。むしろ、山陰道は唐櫃越が通る西山丘陵が東まで長く延びているため、京都方面から山陰道を覆い隠す役割を果たしていたと思

篠村八幡宮の「旗立楊《やなぎ》」。元弘３年(1333)足利尊氏もこの地で鎌倉幕府に反旗を翻した。光秀も楊の横の山陰道を通る際、感慨が胸を突いたことだろう

老ノ坂峠。現在はこの先で通行止めになっている

われる。通説通り明智勢は、丘陵南麓の沓掛を通り、山陰道を一気に駆け抜けたというのが実情であろう。

沓掛の分かれ道。左が本能寺。右が西国街道へつながる道。光秀最終決断の場

旧山陰道が桂川を渡る橋。当時この付近に架橋されていたかは不明。光秀は、桂川を渡る橋の前で「敵は本能寺にあり」と宣言したとの伝説が残る

山陰道の実態

当時、山陰道とはどのような道だったのだろうか。言うまでもなく、この道は丹波国を経て、日本海側を結ぶ重要な街道であった。丹波国は戦国期に至っても、有力寺社の荘園が維持されている地域である。陸路（山陰道）、水路（大堰川・保津川・桂川）を経て、多様な物資、貢納物が運搬されてきた。山城、丹波の国境にあたる大枝山《おおえ》・老ノ坂の東麓には大枝山関《おおえやまのせき》があり、物資運送の安全を図る「兵士」が詰めていた（『天龍寺文書』）。

また十五世紀頃の作成と考えられる『東寺百合文書《とうじひゃくごう》』の桂川用水絵図には、山陰道に桂川を渡る橋が描かれている。当時、京都と山陽、九州地方と結んでいた西国街道（山陽道）を行きかう旅人も迂回《うかい》して山陰道の桂橋を渡っていた。残念ながら「本能寺の変」時点の架橋の実態はわからないが、中世京都に通じる街道において山陰道が重要ルートとして認識されていたことは確かである。

織田信長は軍道整備にきわめて熱心であった。比叡山南麓を通じる山中越えを整備したことは知られている。このルートは、安土—坂本—京都という定番の交通路になったことは有名である。前述したように、信長、義昭は大山崎に明智光秀、村井貞勝を派遣し、軍勢往還の利便性を図り、現地と路面拡大について協議させている。天正六年には、信長は細川藤孝に対して、氷上郡などへの複数のルートを確保するよう命じている（『細川文書』）。光秀も最終段階の丹波攻めにおいて、氷上郡を攻めるための新道を構築している（『雨森善四郎所蔵文書』）。

前述したように、かつて光秀は、天正四年（一五七六）正月の丹波黒井城の荻野直正との戦いで、波多野秀治の裏切りにあい、京都へ敗走している。ところが翌二月には再び老ノ坂を越えて、前線にあたる丹波桑田郡に入っている（『兼見卿記』）。こうした迅速な行動が可能だったのは、山陰道での兵站《へいたん》（前線部隊への物資の補給活動）に強い自信があったからに他ならない。

かつての荘園年貢の運搬ルートに、軍道整備が施されことで、山陰道は想像以上に整備されていたと思われる。信長による軍道整備の方向性が、光秀の電光石火の襲撃を可能にしたとすれば、それは歴史の皮肉というほかない。

逆心の発露

光秀の軍勢は、二日未明本能寺へ襲い掛かり、信長を倒した。そして、二条御新造《ごしんぞう》に移った嫡男信忠も村井貞勝らとともに奮戦したが、衆寡《しゅうか》敵せず、結果として自刃《じじん》している。

光秀が、なぜ反逆し、信長を倒したか？　古来より、さまざまな説が取り上げられていた。光秀に天下の主になりたいという野望があったこと、あるいは信長に対する恨みがあったこと、さらに近年は朝廷や足利義昭との連携が背後にあったという意見が主張されていた。特に四国の長宗我部《ちょうそかべ》氏との外交をめぐる信長の姿勢が変化したことが、光秀に影響を与えたという意見が出てきている（藤田二〇〇二）。信長による外交政策の変更が、秀吉や光秀など、部将間をめぐる不和に拍車をかけた可能性はあると考える。ただ、こうした信長の方針転換は日常茶飯事のことであり、ある意味部将たちも常に味わってきた事柄である。

残念ながら、こうした反逆をめぐる構想や思惑が当初から綿密に計画されていたか、現状ではわからない。光秀本人も本能寺の変が「不慮」（『細川文書』）のことと記しており、本人も唐突感を否定していない。では、光秀がどのような条件下で、本能寺の変を実行に移そうと考えたのか。それは、信長のみならず、嫡男信忠も同時期に京都にいたという点であった。主人とその嫡男が至近距離で滞在する局面に、思わず光秀に反逆の意識を芽生えさせたものと思われる。思惑があったとすれば、襲撃の良し悪しは別として、こうした一瞬の機会を見逃さなかった、実際光秀は両者を一撃で仕留めたのである。

光秀の「三日天下」

天正十年六月二日、明智光秀は本能寺と二条御新造を襲撃し、宿営していた織田信長、信忠父子を倒した。ここから同月十三日の山崎合戦まで、光秀にとって長い十一日間が始まった。俗に言う光秀の「三日天下」の経過を追ってみたい。

本能寺の変の直後、光秀はまず諸卒に「洛中」の「町屋」へ派遣して「落人」を厳しく探索した。そのため京都の騒動は甚だしい状態だったという（『信長公記』）。その直後、躊《ちゅう》躇《ちょ》なく「大津通」を下向し、織田権力の拠点安土城を目指した。これは、当初からの計画どおりの行動だったようで、未刻《ひつじのこく》（午後二時）頃に、吉田兼和は粟田口《あわたぐち》において光秀を出迎え「在所」の保全を依頼している（『兼見卿記』）。

光秀は、大津経由で瀬田《せた》（大津市）に到着し、山岡美作守《やまおかみまさかのかみ》（景隆《かげたか》）、対馬守《つしまのかみ》（景佐《かげすけ》）兄弟に明智への協力を求めた。しかし、山岡兄弟は瀬田唐橋《せたのからはし》と「山岡館」を自焼して、「山中」へ引き退き、抵抗の意思を示した。ここで光秀は唐橋の橋詰に「足がかり」をこしらえて、橋の修復を進め、いったん北上して坂本城へ入った（『信長公記』）。なお、光秀は別働隊を宇治に送り、京都―奈良街道を遮断した(『蓮成院記録』)。

一方、安土城では、二日の巳刻《みのこく》(午前十時)には、早くも光秀の謀反と、信長・信忠の自害が伝わった(『当代記』では「未刻」〈午後二時〉と記す)。当初、安土の人々は、信長横死《おうし》の情報を冷静に受け止められず「言葉に出して大事と存知、初めの程は目と目を見合せ、騒ぎ立つこと大方ならず」という状態であった。独裁者信長を意識して、不穏な噂話をまったく言えない雰囲気をよく現している。

しかし、その後京都から逃れてきた「御下男衆」らの情報から、信長の死が「必定」だとようやく認識されるようになった。人々は財産や家を棄て、家族を引き連れて美濃、尾張へと避難した。当時安土城に詰めていた山崎片家《やまざきかたいえ》は安土の屋敷を焼き、居城の山崎(彦根市)へと退却した。

混乱する城内で、安土城の「二丸御番衆」の蒲生賢秀《がもうかたひで》は信長の上臈《じょうろう》衆、子女を日野へ避難した。上臈衆は退去する際、天主にある金銀、太刀などの宝物を取り出すこと、そして城を焼くべきと主張した。しかし、賢秀は「天下無双の御屋形」である安土城を焼くことは「冥加《みょうが》なき次第」であり、かつ金銀の取り出しは「都鄙《とひ》の嘲弄《ちょうろう》」を受けるとして、この提案を一蹴《いっしゅう》した。これは、賢秀が「希代《きたい》無欲」という性格によるものと言われている（『信長公記』）。

四日、瀬田を越えた光秀は、安土城に入城した（『多聞院日記』）。この時、光秀と接触していた吉田兼和は蒲生父子が明智軍に反抗せず、城を譲渡したと認識していた。そのため、ほぼ無血入城に近かったと考えられる（『兼見卿記』）。光秀は信長の財宝を部下に分与し（『日本耶蘇《やそ》会年報』）、家臣たちの歓心を買おうとした。

一方、光秀の軍勢は、さらに近江北部へも展開し、北上して丹羽長秀の居城佐和山城（彦根市）を攻めた。この時、若狭守護家の武田元明《もとあき》が明智方として城攻めに参陣している。その落城後は、やはり明智方へ転じた山崎片家がこれを守った。一方、羽柴秀吉の「家城」だった長浜へは斎藤利三が入り（『多聞院日記』）、地元の有力国衆阿閉貞大《あつじさだひろ》が「明智方」に加担して長浜城を守った。

この五日時点において、光秀の近江制圧が順調に進んだことが強く印象付けられ、一時光秀支援の先鋒隊を引き上げさせた大和の筒井順慶も、再び近江へ進撃して光秀「一味」に加わろうとした。実際、光秀は前述した山岡氏や蒲生氏の抵抗を受けつつも、かつて守護職の流れをくむ、近江北部の京極高次《きょうごくたかつぐ》、同じく若狭の武田元明を味方につけており、着実に版図を広げているようにみえた。当時北陸戦線を収拾して、光秀打倒の軍をまとめていた柴田勝家も近江一国が、ほぼ光秀によって制圧されたと認識していた。六日になり、吉田兼和は誠仁親王の依頼を受けて、安土城へ勅使として派遣された。これは朝廷が光秀の政治的立場を認めたことでもあった。七日、兼和は安土城において光秀と対面し「謀反之存分」を雑談している（『兼見卿記』）。

ところで、畿内・近国における信長の子息たちは、どのような状況だったのだろうか。当時四国攻め直前で堺に在陣していた三男織田信孝《のぶたか》と、その補佐役の丹羽長秀は、本能寺の変の情報が伝わると、光秀の娘婿だった津田《つだ》信澄《のぶずみ》（信長の甥）を大坂で殺害した。光秀と気脈を通じていると疑われていたからである。当時、信澄は長秀とともに、京都から下向する家康を饗応する役回りであった。信澄がどこまで光秀と通じていたかわからないが、こうした疑心暗鬼の雰囲気は軍勢にも伝わり、信孝、長秀らの軍勢は四散してしまい「一向無人之由」（『蓮成院記録』）、「左右に侍スル所、わずかに八十余騎」（『丹羽家譜伝』）という状態に陥った。そのため、光秀にもっとも近い軍団であったにもかかわらず、単独での軍事行動が取れなくなった。

一方、伊勢・伊賀を束ねていた次男織田信雄《のぶかつ》は、光秀を討伐するために土山《つちやま》（甲賀市）まで出陣した。しかし、背後の伊賀では「信長ニ所領ヲ奪ハレシ伊賀ノ浪客」らが蜂起したため（『武徳編年集成』）、やはり自軍のみで行動できなかった。そのため、反明智を明確にしていた日野の蒲生氏との合流を模索するありさまであった。

光秀方も、比較的至近にいる信孝、信雄と安易な衝突を避け、あくまでも無理をせず、自軍の温存に努めていた。九日、光秀は京都に戻り、公家衆の出迎えを受けた。光秀は、自己の正当化を図るため、御所へ銀五〇〇枚、五山に一〇〇枚、大徳寺に一〇〇枚を送っている（『兼見卿記』）。その直後、羽柴秀吉の東上を察知し、下鳥羽《しもとば》に出陣した。

ちなみに同日に出された細川藤孝宛の光秀覚書によれば、彼は藤孝、忠興父子が味方すると信じていた（『細川文書』）。ところが藤孝らは薙髪《ちはつ》して（髪を剃《そ》り落として）信長への弔《ちょう》意《い》を示し、光秀との距離をあけ、さらに忠興は光秀の娘だった妻お玉と離縁した（『細川家記』）。光秀は、藤孝に対して若狭国、あるいは摂津国を与える旨を伝え、引き続き帰順を促した。六月八日以前に藤孝は丹羽長秀とも連絡を取り、反光秀を表明していた（『松井家譜』）。ただ、かつて丹後を治めていた守護家一色氏も不穏な動きをみせており、藤孝・忠興も明確な態度を示せなかったようである。前述した忠興も玉を三戸野《みとの》（京丹後市）へ幽閉したのみで、実家明智家へ返しておらず、完全に袂《たもと》を分けるまでには至っていない。

大和の筒井順慶も、大和という京都に近い分国でもあったため、あえて旗幟《きし》を鮮明にしない曖昧な態度を貫いた。光秀は宣教師オルガンティーノに依頼して、キリシタンの高槻城主高山右近に服属するよう求めたが、やはり帰順しなかった。

このように、光秀は畿内近国の制圧に向けた奔走《ほんそう》が奏功して、武田、京極氏などの守護家を味方につけるなど、一定の成果を収めつつあった。しかし、織田方に服属していた部将や国衆は事態の推移を見極めようとしたため、明確な態度は取らなかったといえよう。

山崎合戦

よく知られているように、本能寺の変の際、羽柴秀吉は、備中高松城（岡山市）攻めを行っていた。しかし、六月三日、子刻《ねのこく》に信長横死の情報を得た（『浅野文書』『当代記』は四日とする）。彼は、ここで城将清水宗治《しみずむねはる》の切腹を条件に、すばやく毛利方と和睦した（「江系譜」）。そして、光秀を討つため、撤兵して姫路へ戻った。秀吉は野殿《のどの》、沼《ぬま》（岡山市）を通過中、摂津茨木（茨木市）の中川清秀に書状を送った。これによれば、秀吉は信長、信忠ともに本能寺の変を脱して、膳所《ぜぜ》（大津市）まで逃れたと虚言を記している（『梅林寺文書』）。これは自軍の動揺を避けるため、流していたものと考えられる。ただ光秀の誘いも含めて時々刻々と情報が伝わってきていた清秀は、これをどのように受け止めたであろう。

六日に姫路に到着した秀吉は、八日に細川藤孝・忠興とも連絡し、情報を交換している。九日晩には、高山右近らからの飛脚も秀吉のもとに来着した（『中川文書』）。十日付の中川清秀宛の秀吉書状では、光秀の軍勢は久我《こが》（京都市）周辺に着陣し、摂津、あるいは河内をうかがう状態にあった。秀吉本人は東上を続け、明日（十一日）には兵庫、西宮まで到達す

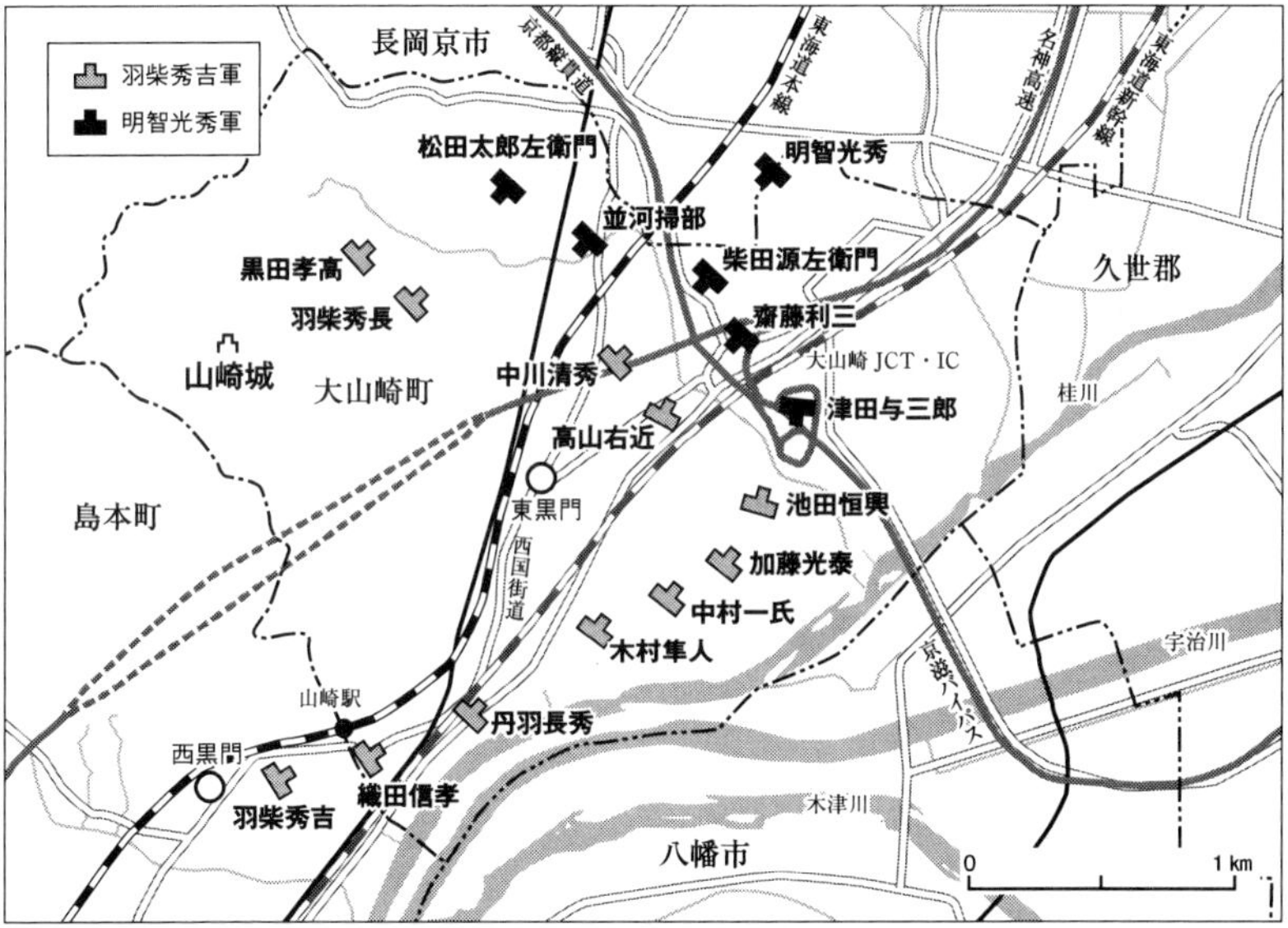
羽柴秀吉軍
明智光秀軍
長岡京市
京都縦貫道
東海道本線
名神高速
東海道新幹線
松田太郎左衛門
明智光秀
並河掃部
柴田源左衛門
黒田孝高
羽柴秀長
久世郡
斎藤利三
山崎城
大山崎町
中川清秀
大山崎 JCT・IC
津田与三郎
桂川
高山右近
東黒門
島本町
西国街道
池田恒興
加藤光泰
中村一氏
木村隼人
京滋バイパス
宇治川
山崎駅
丹羽長秀
西黒門
織田信孝
羽柴秀吉
木津川
八幡市
0
1 km

山崎合戦陣形図

ると連絡している。この書状の猶々書では、丹羽長秀からの情報として、北陸の柴田勝家も畿内へ進撃する情報を伝えている。秀吉のもとには、次々と畿内、近国の情報が伝わりつつあった。

一方、九日に入洛した光秀は、秀吉の動きを察知した。ここで光秀は、山崎、八幡《やわた》、洞ヶ峠《ほらがとうげ》に軍勢を派遣した。さらに十一日には、淀川船運の要港である淀城(京都市伏見区)を修築した。この軍勢配置からうかがえることは、光秀の主目的が秀吉軍による山城盆地への侵入を食い止めること、すなわち首都防衛を強く意識していた点である。京都と摂津国は西国街道、河内国は東高野《ひがしこうや》街道で結ばれていた。山崎(大山崎)は西国街道、八幡・洞ヶ峠は東高野街道の要所であった。ただ、光秀の重臣斎藤利三は秀吉方との兵力差を鑑み、光秀に坂本籠城を勧めたと伝えられる(『新撰豊臣実録』)。しかし、光秀は、これを却下し、首都防衛に執着した。やはり、公家や権門の支持を受けたことを強く見ていたのであろう。合戦間近の十一日にも、光秀は順慶に来援を打診したが同心は得られなかった。実はその当日、順慶は秀吉に誓詞を遣わし、光秀に抵抗する意思を明確にしていた。

さて、秀吉方は十二日には、兵庫(神戸市)の池田恒興、茨木の中川清秀、高槻の高山右近と合流し、西国街道のみに軍勢を集約させて進軍させた。秀吉は、高山、中川を先陣として大山崎まで進軍させ、後続は天神馬場《てんじんのばば》（高槻市）まで陣を取らせた。十二日夜、秀吉は西国街道からいったん外れて、摂津富田《とんだ》（高槻市）へ出向き翌十三日昼、大坂から参着した信孝と会った。涙を流した信孝を見て秀吉も「ほへ」たと本人が記している（『金井文書』）。秀吉は、信孝、長秀の軍も糾合し、総勢四万に達した（『太閤記』）。

軍勢を分散させていた光秀方は、作戦の計画を改めざるをえなくなった。十二日には山崎、八幡の兵を後退させた。元から軍事拠点としていた西国街道沿いの勝龍寺城周辺に軍勢を集め、迎撃態勢を整えた。ちなみに、この十二日には勝龍寺城の西で光秀、秀吉両軍の前衛部隊が衝突した。すなわち「日向守敵敷」とする軍勢が大山崎から出勢したため、勝龍寺城の西で足軽たちが出合い、鉄炮戦と放火がなされたという（『兼見卿記』）。

この合戦前夜、光秀は部下の松田太郎左衛門《まつだたろうざえもん》に「汝《なんじ》ハ山崎之案内を能知《よく》」っているとして、大山崎の背後にある天王山《てんのうざん》占拠を指令した（『太閤記』）。中世都市大山崎には、行政の担い手として数多くの神人が在住していたが、この松田太郎左衛門もその出身者であろう。これに対し、秀吉も部下の堀尾吉晴《ほりおよしはる》に天王山占拠を命じた。両者は競合したが、結果として吉晴が先んじて、天王山を奪取した。これによって秀吉軍は安心して戦うことができたという（『太閤記』）。この天王山占拠は『太閤記』に収録され、勝負の分かれ目を指す表現として定着している。ただ、一次史料には掲載されていないためどこまで事実かわからない。地元大山崎において、明智方に属した松田氏が登場する点は注目される。

『太閤記』には、他に先陣高山右近が大山崎に入った後、その西黒門を閉めて、後続部隊を入れなかったとも記す。これは右近が手柄を独占しようとしたためで、軍記物にある武勇談の一つである。ただ、後続の池田恒興は門内に入れず、仕方なく大山崎の東の「惣《そう》構《がまえ》」の外の脇を通って、淀川沿いを進軍せざるを得なかったという。この門は「街道の門」(『池田氏家譜集成』)とも記され、江戸時代後期の「山崎合戦図屛風《びょうぶ》」(大阪城天守閣所蔵)にも描かれている。街道集落大山崎では、集落域の出入口を東西の黒門で守っていたが、これは西の黒門を意識した記述である。

一方フロイス『日本史』によると、右近が大山崎に入ると「村の門」を閉めて光秀に対峙したという。これは東黒門を意識したものであろう。ここでは、右近はなかなか来着しない後続部隊を待ち続け、できるかぎり門を開けなかったという。

『太閤記』および、フロイス『日本史』が、ともに大山崎の黒門の開閉を記している点は注目されよう。記述がどこまで正確であったかわからないが、後の秀吉書状では、軍勢を高山右近らの西国街道沿いと、池田恒興らの「南之手」(淀川沿い)、羽柴秀長らの「山之手」

（天王山麓）の「三手」に分けて進軍したと記しており、基本的には矛盾しない。

一方、光秀軍は「先手」に斎藤利三ら、近江衆の阿閉貞征、後藤、多賀、久徳《きゅうとく》ら、「山手」に松田太郎左衛門尉、丹波衆の並河掃部《なみかわかもん》、山城衆の伊勢氏らで構成されていたといい、総勢一万五千〜六千であったという（『太閤記』）。両軍は小泉川沿いで激突したと考えられる。戦いは申刻《さるのこく》（午後四時）頃に「鉄放（鉄炮）之音数刻止まず」という状態であり、本格的な主戦は夕刻からであった。光秀は前線の「おんばうか塚」まで本陣を移し、味方を鼓舞しようと努めたが（『太閤記』）、衆寡敵せず、兵力に勝る秀吉方が押し切った。光秀は勝龍寺城へ入り籠城するが、その日の深夜には、すぐに逃亡し、坂本城を目指し、東へ向かった。秀吉は光秀の行方を探索し「郷々」に尋ねた。すると「山科之藪之中ニかゝミ居候」光秀は百姓らに殺害されており、その首も溝に捨てて置いていたという（『大阪城天守閣所蔵文書』）。一方、斎藤利三は湖西路を逃亡している際に捕縛され、京都で処刑されてしまった。光秀の娘婿の明智秀満は坂本城に火をかけ自害した。

山崎の合戦について、攻勢の秀吉に対して、光秀は常に守勢に回っていた。これは結果として、彼が首都防衛に拘ったためである。京都において朝廷や五山の歓心を買い、天下の主として公認されつつあった彼としては必然だったのだろう。このことは、彼が単純な信長に対する怨念だけで決起したわけではないことの証かもしれない。

あとがき

「明智光秀」とは、大学の四回生以降のつきあいである。当時、大学の卒業論文とは別に、卒業時に城郭談話会で報告するため、丹波地域の明智光秀関係の城郭遺構の踏査《とうさ》を続けていた。当時、丹波地域はほとんど図面が書かれておらず、ある意味やりがいのある作業であった。筆者としては、初めて城郭遺構を地域史研究のなかに位置づけようとした報告であり、恥ずかしながら後に論文化することができた。

ただし、筆者が行っていた城の平面構造（縄張り）の研究は、いずれは文献史学や考古学の研究の進展の前に受身にならざるを得ない。そのような危機感を抱いてきた。そうした批判に応えていくためには、やはり時間軸を持つ方法論を持つ必要があった。ちょうどその頃、新たに発足する明智光秀文書を蒐集《しゅうしゅう》する研究会に誘っていただく機会があり、さまざまな新出史料に出会う場となった。

学生時代、城郭研究の師たる中井均氏から「地域を絞って城を検討すれば史料が寄ってくる」という言葉をいただいたが、まさしくそれを実感した次第である。文献史料の蒐集から、改めて明智光秀の城郭遺構の年代比定を考える補強材料となった。

今回の著作は、そうした光秀の動向を近江や丹波という地域史の視点でまとめたものである。ただ、今回は上辺だけをなぞった検討に終わった感がある。光秀の歴史的評価は、次への課題としていきたいと思う。

今回、本書をまとめるにあたって、大学時代から知友のなかである井上優氏、新出史料について情報をいただいた石川美咲氏には、たいへんお世話になった。また、サンライズ出版の岩根順子氏、竹内信博氏にも、辛抱強く対応いただいた。多くの方々に対して感謝の意を表したい。

二〇一九年六月二日

福島克彦

主な参考文献

高柳光寿『明智光秀』吉川弘文館、一九五八年
脇田　修『近世封建制成立史論』東京大学出版会、一九七七年
池上裕子『織田信長』吉川弘文館、二〇一二年
三宅唯美「室町幕府奉公衆土岐明智氏の基礎的整理」『愛知考古学談話会マージナル』九　一九八八年
黒嶋　敏「足利義昭の政権構想」『東京大学史料編纂所研究紀要』一四　二〇〇四年
村井祐樹「幻の信長上洛作戦」『古文書研究』七八　二〇一四年
井上　優「『淡海温故録』の明智光秀出生地異伝と現地伝承について」滋賀県立琵琶湖文化館『研究紀要』三五　二〇一九年
谷口研語『明智光秀』洋泉社、二〇一四年
山田康弘『戦国時代の足利将軍』吉川弘文館、二〇一一年
谷口克廣「元亀年間における信長の近江支配体制について」『日本歴史』四七一　一九八七年
高島幸次「近江堅田の土豪猪飼氏について」『日本仏教史の研究』一九八六年
高島幸次「近江堅田の土豪猪飼氏の近世的変貌」『龍谷史壇』九三・九四　一九八九年
辻　博之「中世における近江坂本の発展と都市景観」『ヒストリア』八八　一九八〇年
吉水真彦「中世坂本の都市的景観」吉井敏幸・百瀬正恒編『中世の都市と寺院』高志書院、二〇〇五年
下坂　守『中世寺院　社会と民衆』思文閣出版、二〇一四年
中井　均『近江の城』サンライズ出版、一九九七年
土山公仁「信長系城郭における瓦採用についての予察」『岐阜市歴史博物館研究紀要』四　一九九〇年
小久保嘉紀「明智光秀の書札礼」藤田達生・福島克彦編『史料で読む戦国史　明智光秀』八木書店、二〇一五年

大村拓生「南北朝内乱期における丹波荻野氏の動向」『東アジアにおける戦争と絵画』甲南大学総合研究所、二〇一二年
福島克彦「明智光秀と小畠永明」藤田達生・福島克彦編『史料で読む戦国史　明智光秀』八木書店、二〇一五年
福島克彦「丹波内藤氏と内藤ジョアン」中西裕樹編『高山右近』宮帯出版社、二〇一四年
福島克彦「明智光秀と丹波の土豪（1）」『丹波』二　丹波史談会、二〇〇二年
勝田　至「中沢氏・長沢氏の系譜」『丹波国大山荘現況調査報告』五　西紀町・丹南町文化財調査報告　七　一九八九年
亀岡市教育委員会『丹波笑路城発掘調査報告書』一九七八年
八上城研究会『戦国・織豊期城郭論』和泉書院、二〇〇〇年
堀　新「明智光秀『家中郡法』をめぐって」山本博文編『法令・人事から見た近世政策決定システムの研究』科学研究費（基盤研究A）研究結果報告書、二〇一五年
松尾良隆「天正八年の大和指出と一国破城について」『ヒストリア』九九　一九八三年
福島克彦「織豊系城郭と地域史研究」『城館史料学』三　二〇〇六年
足利健亮『地理から見た信長・秀吉・家康の戦略』創元社、二〇〇〇年
藤田達生『本能寺の変の群像』雄山閣、二〇〇一年

■著者略歴

福島 克彦（ふくしま・かつひこ）

1965年兵庫県生まれ。88年立命館大学文学部卒業。大山崎町歴史資料館館長。

おもな著書に『畿内・近国の戦国合戦』（2009、吉川弘文館）がある。共著は、『明智光秀：史料で読む戦国史』（編著、2015、八木書店古書出版部）、『近畿の名城を歩く 大阪・兵庫・和歌山編』（編著、2015、吉川弘文館）等。

明智光秀《あけちみつひで》と近江《おうみ》・丹波《たんば》

―分国支配から「本能寺の変」へ―

淡海《おうみ》文庫63

2019年６月11日　初版第１刷発行

2019年７月20日　初版第２刷発行

N.D.C.216

著　者　福島　克彦

発行者　岩根　順子

発行所　サンライズ出版株式会社

〒522-0004 滋賀県彦根市鳥居本町655-1

電話 0749-22-0627

印刷・製本　サンライズ出版

ISBN978-4-88325-195-7　Printed in Japan　定価はカバーに表示しています。

淡海文庫について

「近江」とは大和の都に近い大きな淡水の海という意味の「近（ちかつ）淡海」から転化したもので、その名称は「古事記」にみられます。今、私たちの住むこの土地の文化を語るとき、「近江」でなく、「淡海」の文化を考えようとする機運があります。

これは、まさに滋賀の熱きメッセージを自分の言葉で語りかけようとするものであると思います。

豊かな自然の中での生活、先人たちが築いてきた質の高い伝統や文化を、今の時代に生きるわたしたちの言葉で語り、新しい価値を生み出し、次の世代へ引き継いでいくことを目指し、感動を形に、そして、さらに新たな感動を創りだしていくことを目的として「淡海文庫」の刊行を企画しました。

自然の恵みに感謝し、築き上げられてきた歴史や伝統文化をみつめつつ、今日の湖国を考え、新しい明日の文化を創るための展開が生まれることを願って一冊一冊を丹念に編んでいきたいと思います。

一九九四年四月一日